创业是一种信仰

大学生必上的十堂创业课

陈麒宇 著

中国财富出版社

图书在版编目（CIP）数据

创业是一种信仰：大学生必上的十堂创业课/陈麒宇著．—北京：中国财富出版社，2014.8

（华夏智库·金牌培训师书系）

ISBN 978－7－5047－5295－6

Ⅰ.①创…　Ⅱ.①陈…　Ⅲ.①大学生－职业选择　Ⅳ.①G647.38

中国版本图书馆 CIP 数据核字（2014）第 160806 号

策划编辑	刘淑娟	**责任印制**	方朋远
责任编辑	刘淑娟	**责任校对**	杨小静

出版发行	中国财富出版社		
社　　址	北京市丰台区南四环西路 188 号 5 区 20 楼　**邮政编码**　100070		
电　　话	010－52227568（发行部）	010－52227588 转 307（总编室）	
	010－68589540（读者服务部）	010－52227588 转 305（质检部）	
网　　址	http://www.cfpress.com.cn		
经　　销	新华书店		
印　　刷	三河市西华印务有限公司		
书　　号	ISBN 978－7－5047－5295－6/G·0580		
开　　本	710mm×1000mm　1/16	**版　　次**	2014 年 8 月第 1 版
印　　张	15.75	**印　　次**	2014 年 8 月第 1 次印刷
字　　数	226 千字	**定　　价**	32.00 元

序　　言

“这是最坏的时代，这是最好的时代。”任何时代都可以创业，任何人都可以成功。创业，是当今年轻人津津乐道的话题。据媒体调查显示：在北京、上海、广州、武汉、成都、西安六城市中，18～34岁的城市青年中16.6%已经有过或正在进行自主创业，48.3%的青年有自主创业想法，正在等待合适的机会。其中，大学生占很大的比重。

那么，什么是创业？怎样才能取得创业的成功呢？

创业是一种信仰，创业精神的本质是找到你所热爱的、对之充满激情的、擅长的，且能满足人们实际需要的事业，并持之以恒，勇往直前地去追求。人人猎头的创始人王雨豪说：“创业于我而言，不等同于别墅、名车，不等同于纳斯达克上市，甚至连董事长都不等同。创业对于我，是一种生活状态，一种我喜欢、欣赏、享受的生活状态。”

对于现代的大学生来说，创业需要一种坚定的信念，一颗不安分的心，更需要为了实现自己的梦想和目标奋斗的勇气和智慧。要想创业成功就必须具有好奇心、观察力，真正对身边的人及地球上芸芸众生的生活感兴趣。

从比尔·盖茨不以传统经济必不可少的土地、机器、厂房等要素为依托，创造了一个伟大的“创业童话”开始，越来越多的人深刻地意识到：创业，原来并非一件可望而不可即的事情。何况，在创业门槛越来越低的今天，越来越多的大学生为了实现自己的梦想，走上了自主创业的道路。

但是，要知道创业不是一件容易的事。创业是一个“无中生有”的过程，在这个过程中，有无数的未知，有无数的取舍。创业，对每一个涉世未深的大学生来说都会是一段十分艰难的历程。如何敲开创业的大门？如何迈出最艰难的第一步？如何取得创业的成功？相信，这是每个初创业者最关心、最想知道的答案。

对于毫无创业经验的大学生来说，学习成功者的经验是创业成功的捷径。站在巨人的肩上瞭望，胜过自己苦苦摸索。

本书就为想创业的大学生总结十堂课，不仅告诉你创业需要梦想和信仰，需要坚持和努力，也需要充分的准备，还告诉你如何创立商业模式，如何组建创业团队，如何筹集创业资金，如何管理创业风险等。

一堂精彩的创业课会让人终生受益，一本好书也将改变无数人的命运。也许《创业是一种信仰》并不能使你成为像比尔·盖茨、马云一样的名企业家，但它绝对可以让你在今后的创业道路上少一点迷茫，多一分自信，离自己的目标越来越近！

如果你能静下心来认真阅读本书，掌握书中成功人士创业的真谛，再加以触类旁通、举一反三的运用，就一定能实现你的创业梦想！

本书能在较短的时间内出版，真诚感谢秦富洋、方光华、陈德云、刘星、曾庆学、李志起、杨勇、李高朋、孙汗青、陈春东、张旭婧、王京刚、陈宁华、王军生、辛海、将志操等人在制图、文字修改以及图书推广宣传方面的协助。

作　者

2014年6月

目　录

第一堂课

梦想与信仰：信仰比成功更重要

要有野心：梦想有多大，舞台就有多大

我们知道，创业需要很多东西，首要的就是野心。这里的野心是指要有强烈的脱贫致富的愿望。这种强烈的愿望实际上是促使一个人努力奋斗的原始动力，是激励一个人逃离困境的有力信念。一个安于现状的人，是不可能在事业上有更大的成就的。只有把这种强烈的愿望视为与自己共存亡的可贵财富，才会付诸行动，并努力坚持。

我们来看一则故事：

法国一位大富翁在弥留之际立下了一个遗嘱：我曾经是一位穷人，在以一个富人的身份跨入天堂的门槛之前，我把自己成为富人的秘诀留下，谁若能猜出“穷人最缺少的是什么”，他将能得到我存在银行私人保险箱内的100万法郎，这是揭开贫穷之谜的奖金，也是我在天堂给予他的欢呼与掌声。

遗嘱刊出之后，有48561个人寄来了自己的答案。这些答案五花八门，应有尽有。绝大部分的人认为穷人最缺少的是金钱；有一部分认为穷人最缺少的是机会；有一部分认为穷人最缺少的是技能；还有的人说穷人最缺少的是帮助和关爱，是相貌漂亮，是名牌衣服，是家世，等等。

在这位富翁逝世一周年纪念日，他的律师和代理人在公证部门的监督下，打开了他在银行内的私人保险箱，公开了他致富的秘诀：穷人最缺少的是成为富人的野心！

在所有答案中，有一位年仅9岁的女孩猜对了。为什么只有这位9岁的女孩想到穷人最缺少的是野心？她在接受100万法郎的颁奖之日说：

“每次，我姐姐把她11岁的男朋友带回家时，总是警告我说不要有野心！不要有野心！于是我想，也许野心可以让人得到自己想得到的东西。”

野心应该成为所有创业者探求成功的利器，“王侯将相宁有种乎？”古人尚且发出这样的感叹，今天有着聪明才智的我们岂能庸庸碌碌，无动于衷？如果你渴望创业成功，那么请你先问问自己：我有成功的野心吗？

当然，对于创业者来说，光有野心是不够的，但是，没有野心，一切都是空谈。试想，一个心志不高，没有远大目标，甚至连一张蓝图都没有的人，何以创造出奇迹？

野心可以让创业者克服挡在面前的所有障碍，变得所向披靡。拿破仑征战沙场，无人能敌的原因，更多的就是来源于他的野心。在战场上拿破仑料敌如神，攻无不克，“战争之神”的传奇至今不衰。他曾经狂妄地说：“啊！毋庸置疑，人们将会从我身上发现野心，更多的野心，而且是最伟大、最崇高的野心，是史无前例的野心！”正是这种狂妄的野心勃勃，使得这个有着忧郁气息的科西嘉年轻人在短短15年的时间里，成为一个征服者与统治者，他挽救了法国大革命，改变了整个欧洲，塑造了现代法国的面貌。

而事实上，拿破仑并没有什么先天优势，他身材矮小、相貌平平，没有显赫的出身、高贵的门第，也没有来自家庭的大笔财富。在军校就读时，经常因为自己的身份地位和一口充满了科西嘉岛口音的法语而被人讥笑冷落。这一切对于一个意志薄弱的孩子或许是一种巨大的摧残，可是对于少年拿破仑来说，反而增强了他克服困难、维护个性的决心。因为，他对自己辉煌的前程有着不可动摇的信念，在他心中隐藏着叫作“野心”的巨大的阴谋，于是他克服了一切出身、外貌及天资上的困难。

拿破仑曾说过这样一句话：“不想当将军的士兵不是好士兵。”与其说这是他为鼓舞士气而说的话，不如说是他个人野心的真实写照。

其实，野心源于人们对理想的无限追求，只不过这个理想更大，更充满挑战，更不可企及。每个人都有权利决定自己的人生，是甘于平凡，还是渴望辉煌，往往取决于你内心的一个念头，而一个有着野心的人是不会甘于寂寞和平凡的。

创业者要有雄才大略，雄心比黄金更重要

创业者要有雄才大略，才能成就一番大事业。作为一个创业者，如果满足于一时一地的成就，而缺乏不断追求更高目标的欲望，就会使企业停滞不前，丧失追求更好市场机会的动力。如此下去，不但会被竞争对手超过，自己的事业最终也会走向没落。因此，雄心是创业者必备的素质。

沃伦·巴菲特就是靠他的雄心，走向发迹之路，改变了他的贫穷命运。

有一个孩子，在很小的时候就对财富充满了渴望，他曾公开在同学面前宣布："我要在35岁以前成为亿万富翁。"为了实现这个愿望，他没有在公司打工，也没有去当一个人人仰慕的白领，而是毅然选择了自主创业。尽管他小时候的话并没有人在意，但是后来通过他的打拼，他真的实现了他孩童时的梦想——成为世界首富。而今天，他的财富位居全球第二，他就是沃伦·巴菲特。

有些人之所以创业失败，就是因为他们有一个致命的弱点——缺乏成功的雄心，要知道有时候雄心比黄金更重要。如果一个人拥有了创业雄心，那么，等待他的就将是滚滚不断的财源。

李嘉诚在创办"长江塑胶厂"后，一次，他在翻阅一本英文版《塑胶》杂志时，看到一则不太引人注意的小消息，说意大利某家塑胶公司设计出一种塑胶花，即将投放欧美市场。李嘉诚立刻意识到，"战后"经济复苏时期，人们对物质生活将有更高的需求，而塑胶花价格低廉，美观大方，正合时宜，于是决意投产。

1957年春天，李嘉诚怀揣着强烈的希冀和求知欲，登上了飞往意大利的班机去考察塑胶花市场。

他在一间小旅社安顿下来，就急不可待地去寻访那家在世界上开风气之先的塑胶公司的地址，经过两天的奔波，李嘉诚风尘仆仆地来到该公司门口，但却戛然止步。他素来知道厂家对新产品技术的保守与戒备。

也许应该名正言顺地购买技术专利，然而，一来，长江厂小本经营，绝对付不起昂贵的专利费；二来，厂家绝不会轻易出卖专利，它往往要在充分占领市场，赚得盘满钵满，直到准备淘汰这项技术时方肯出手。那么，长江厂只能跟在别人后头亦步亦趋，谈何突破呢?

聪明的香港人善于模仿，对急于打冷门、填空白的李嘉诚来说，等塑胶花在香港大量上市后模仿，将会遇到众多的竞争对手。情急之中，李嘉诚想到一个绝妙的办法。这家公司的塑胶厂招聘工人，他去报了名，被派往车间做打杂的工人。李嘉诚只有旅游签证，按规定，持有这种签证的人是不能够打工的，老板给李嘉诚的工薪不及同类工人的一半，他知道这位"亚裔劳工"非法打工，不敢控告他。李嘉诚负责清除废品废料，他能够推着小车在厂区各个工段来回走动，双眼却恨不得把生产流程吞下去。李嘉诚十分勤劳，工头夸他"好样的"，但他们万万想不到这个"下等劳工"，竟会是"国际间谍"。李嘉诚收工后，急忙赶回旅店，把观察到的一切记录在笔记本上。整个生产流程都熟悉了，可是，属于保密的技术环节还是不得而知。

李嘉诚又心生一计。假日里，李嘉诚邀请数位新结识的朋友，到城里

的中国餐馆吃饭，这些朋友都是某一工序的技术工人。李嘉诚用英语向他们请教有关技术，佯称自己打算到其他的工厂去应聘技术工人。李嘉诚通过眼观耳听，大致悟出塑胶花制作配色的技术要领。最后，李嘉诚到市场去调查塑胶花的行销情况，验证了塑胶花市场的广阔前景。

平心而论，以今天的商业准则衡量李嘉诚当年的行为，值得商榷。但在那个年代，偷师和模仿是很普遍的现象，无可厚非。李嘉诚创大业的雄心勇气和他随机应变的精明，对创业者不无启迪。

一般来说，对自己的要求越高，取得的成就也就越大；对自己的要求越低，取得的成就则越小。一个人即使身居陋室，只要有雄心壮志，就能奋然前行，改变命运。因此，一个人若想干出一番大事业，首先就应该有远大的志向。在创业中，你不妨问问你的内心，是不是缺乏创业的雄心？

这里需要提醒创业者的是，雄心不等于好高骛远，它是建立在脚踏实地的基础上，去一步一步地追求更高的切合实际的目标，而不是一口就吃成个胖子。例如，微软公司总裁比尔·盖茨经常用“让微软的软件运行在世界的每一台微机上”激励他的下属，可谓雄心勃勃。但是这绝不是好高骛远。因为微软公司为了实现这个目标，他们一步步地踏实地工作，力求使自己的工作做得更好，使自己软件的性能超越竞争对手，从而取得了今天世界软件业霸主的地位。

作为创业者的比尔·盖茨，如果不具备雄心壮志，他绝不会取得今天的成就。正是他的雄心壮志，不断激励着他带领微软迈向软件业的顶峰。

梦想本不值钱，但是你坚持下去，就值钱了

每个人都有自己的梦想，或大或小。还有的人曾经有过梦想，现在却

已经把它忘掉了，丢在了满是尘埃的记忆深处。试想一下，一件事情，假若我们想都没有想过它，那么又如何会去做呢？梦想的高度往往决定了一个人成就的高低，一个没有目标的人往往会一事无成。

梦想的实现需要坚持，只有坚持梦想，并为之不懈努力的人，才能真正地取得成功。电灯的发明，正是爱迪生坚持的结果，它让我们在夜晚同样拥有了如白昼般的光芒。爱迪生从20多岁便开始研究电灯，先后尝试了用各种材料做灯丝，灯泡的照明时间也随着他的努力不断延长，从短短的几分钟到几个小时，到后来几百几千个小时。在历经十余年，尝试了近千种材料之后，他终于找到了最合适的材料——钨丝，让人们从此在夜晚不再害怕黑暗。

有了梦想，便有了前进的方向，只要为之坚持不懈，便能让自己的梦想真正地飞翔。爱迪生在发明钨丝电灯之前经历了近千次失败，苏珊坚持梦想40多年才取得成功，而马丁·路德·金为了坚持梦想甚至献出了自己的生命。那些一直在为梦想奋斗的人们，才真正实现了梦想，让生命变得与众不同。

罗马纳·巴纽埃洛斯是一位年轻的墨西哥姑娘，16岁就结了婚。在两年当中她生了两个儿子，丈夫不久后离家出走，罗马纳只好独自支撑家庭。但是，她决心谋求一种令她自己及两个儿子都感到体面和自豪的生活。

她用一块普通披巾包起全部财产，跨过里奥兰德河，在得克萨斯州的埃尔帕索安顿下来，并在一家洗衣店工作，一天仅赚1美元，但她从没忘记自己的梦想，即要在贫困的阴影中创建一种受人尊敬的生活。于是，口袋里只有7美元的她，带着两个儿子乘公共汽车来到洛杉矶寻求更好的发展。

她开始时是做洗碗的工作，后来找到什么活就做什么。拼命攒钱直到

存了400美元后，便和她的姨母共同买下一家拥有一台烙饼机及一台烙小玉米饼机的店。

她与姨母共同制作的玉米饼非常受欢迎，后来还开了几家分店。直到最后，姨母感觉到工作太辛苦了，这位年轻妇女便买下了她的股份。

不久，她经营的小玉米饼店铺成为全国最大的墨西哥食品批发商，拥有员工三百多人。

她和两个儿子经济上有了保障之后，这位勇敢的年轻妇女便将精力转移到提高她美籍墨西哥同胞的地位上。

"我们需要自己的银行"，她想。后来她便和许多朋友在东洛杉矶创建了"泛美国民银行"。这家银行主要是为美籍墨西哥人所居住的社区服务。如今，泛美国民银行资产已增长到两千两百多万美元，这位年轻妇女的成功确实得之不易。

抱有消极思想的专家们告诉她："不要做这种事。"

他们说："美籍墨西哥人不能创办自己的银行，你们没有资格创办一家银行，同时永远不会成功。"

"我行，而且一定要成功。"她平静地回答说。结果她真的梦想成真了。

她与伙伴们在一个小拖车里创办起他们的银行。可是，到社区销售股票时却遇到另外一个麻烦，因为人们对他们毫无信念，于是她向人们兜售股票时遭到拒绝。

他们问道："你怎么可能办得起银行呢？我们已经努力了十几年，总是失败，你知道吗，墨西哥人不是银行家呀！"

但是，她始终不放弃自己的梦想，依旧努力不懈，如今，这家银行取得伟大成功的故事在东洛杉矶已经传为佳话。后来她的签名出现在无数的美国货币上，她由此成为美国第三十四任财政部长。

每个人都希望成功，但却只有少数人愿意努力、付出代价以及从事应该做的工作。一个人认为自己能有所作为，只不过是起步而已，其间必须要经过几个星期、几个月、几年的不懈努力或毕生的精力，才能克服一切不利的条件，在挫折中奋进，最终实现梦想。

对于创业者来说，梦想是不值钱的，只有坚持下去了，它才值钱。作为创业者，如果你想成功，就绝不能放弃你的梦想。

在成功的路上，每个人不可能总是一帆风顺，挫折、失败都是在所难免的。如果碰到失败便放弃自己的梦想，那么也就等于放弃了成功的可能。当一个人习惯了被消极的精神所支配，那么他所收获的终归是失败。成功人士的与众不同之处便在于他们遇到挫折，越挫越勇，用积极的心态面对未来，更加努力地朝着梦想努力，坚持不懈，而梦想也终会在某一天实现。

作为创业者，勇敢地梦想吧，并且坚持不懈地为了自己的梦想努力，梦想终有一天会如同雄鹰般展翅翱翔。困境不会是永远，平庸的命运也可改变，成功一定会到来。

创业是一种延展生命创造力的信仰

在2013年百度联盟峰会上，百度副总裁朱光以会议召开所在地——香格里拉的故事为背景，向到场的联盟伙伴阐述信仰的力量及其必要性。他说："如果没有一批批海内外的探险者、追梦人，像着了魔似的前赴后继，去寻找他们'心中的日月'并留下大量游历文章，恐怕从没有来过中国的詹姆斯·希尔顿，也就没机会写出他那本轰动一时的小说《消失的地平线》。如此，香格里拉恐怕也就继续默默无闻，我们更无从知道。""互联网创业者一路走来，如果没有信仰的力量做后盾，恐怕很难成功。"

创业是一种信仰，创业精神的本质是找到你所热爱的，对之充满激情的，擅长的，且能满足人们实际需要的事业，并持之以恒，勇往直前地去追求。要想创业成功就必须具有好奇心、观察力，真正对身边的人及地球上芸芸众生的生活感兴趣。

下面是“价值中国”对雷珂国际创办者王雨豪的采访：

价值中国：您在2003年创办雷珂国际之前，有着丰富的求学经历和工作经验，您的这些经历和经验对您之后的创业起到了怎样的帮助？

王雨豪：创业于我而言，不等同于别墅、名车，不等同于纳斯达克上市，甚至连董事长都不等同。创业对于我，是一种生活状态，一种我喜欢、欣赏、享受的生活状态，就今日而言，这种状态可以持续到生命的终结。之前的求学、工作都是在做准备，准备得越充分，创业也就会越顺利。磨刀不误砍柴工，是我愿意送给所有创业者的一句话。

雷珂的创建是源于“创建一个源源不断创新力的组织的梦想”，是一种简单的人生理解，可以如此来形容，“几时归去，做个闲人，一壶酒，一张琴，一溪云；此刻且战，夺宝奇兵，百般辛，千种谋，万分喜”，后来置身创业，我们发现这个事儿远比这种情怀复杂得多，不过既来之，则安之，顺利不顺利它不都是个过程，你若觉得过程本身就是开心的事，哪还有什么坚持不了？

价值中国：每个成功的企业家背后都有无法复制的辛酸的创业经历，又是什么力量的支撑让您拥有目前这样的辉煌成就？

王雨豪：创业是个有时需要典当灵魂的事儿，有些人幸运，创业成功了，我们说：他们最终成功地赎回了灵魂。典当灵魂，你知道那滋味，很难过，可以这样讲，别人经历的那些困难、挫折，甚至屈辱，我们也都经历过，甚至有些今日还在经历。是什么让我们坚持下去？简单的一句话吧：就是把没有选择当成唯一的选择。因为创业对于我来讲，是一种信仰，一种延展生命创造力的信仰。

价值中国：那么雷珂国际的特质与您的个人风格或信仰存在着怎样的关联？

王雨豪：无论是企业家，还是管理者，抑或创业者，他的性格对所在企业的风格的影响必然存在，不是有句俗语“一千个人演哈姆雷特就有一千个哈姆雷特吗？”雷珂的特质，我们总结了一下，大约是十六个字：“善于等待，勇于攀登，任侠恣狂，埋首做事。”它是我个人风格的升级和进化，我们希望我们的组织可以做得更好，更到位。

王雨豪说：“创业对于我来讲，是一种信仰，一种延展生命创造力的信仰。”的确，信仰是一个成功人士必须具备的核心特征。每个创业者都要有信仰和勇气，并能大胆挑战未知。在那些想要创业的人当中，仅有十分之一的人有勇气开始并始终如一。对失败的恐惧，比其他因素更能让人踌躇不前，它会令行动瘫痪，失败也将不可避免。

因此，作为创业者无论信仰什么，必须是有信仰的，而且这种信仰必须是坚定不移的。有了这种信仰，你就可以面对一切，就可以创造奇迹，取得成功。

创业要有一种“疯”劲，只有偏执狂才能生存

英特尔创始人、董事会主席安迪·格鲁夫在其著作《只有偏执狂才能生存》一书中说：“这是偏执狂才能成功的时代，只有偏执狂才能生存！”现在，安迪·格鲁夫的这段话几乎已经成为商业领域的一个定律。

马云是国内 IT 行业的创业领先者，他的成功离不开他的“偏执”，这种偏执的外在表现就是他身上的“疯”劲。

马云是一个激情四射、有点疯狂的人。在2005年第五届“西湖论剑”上，他跷着二郎腿与克林顿对话；听张朝阳、丁磊、马化腾、汪延和经济学者张维迎论战时一时兴起，顺手抄起台下的一把凳子就冲上台去。其实，马云的疯狂早年就已经显现出来了。

1994年，国内兴起了下海热潮，马云和朋友创办了一家“海博翻译社”。成立翻译社第二年，也就是1995年，马云满30岁，到了而立之年。而这一年，他也实现了自己当年许下的承诺——在杭州电子科技大学任教满六年。这一年的他还因为教学成绩突出，而被评为“杭州十大杰出青年教师”之一；同时，他所供职的杭州电子科技大学的校长对他许诺，将来让他当学校驻外办事处主任。

可就在大家都认为马云在学校发展前途光明的时候，他却作出了一个疯狂的决定，他毅然辞掉高校老师的铁饭碗，打算自己去创业。

辞职时，学院的领导被马云的突然之举搞懵了。大惑不解地盯着马云问：“马老师，你不是在开玩笑吧？你书教得好好的，为什么突然要辞职呢？是学校委屈你了吗？”

“不是，学校对我挺好的，我是想趁自己现在还年轻出去闯闯。”马云如是说。

在校领导的办公室里，马云足足解释了一上午，校领导还是真诚挽留。

对于马云的辞职，学生不理解，家人不理解，朋友也不理解，都说马云真的是“疯了”。当时，马云找来24个朋友征求意见，结果得了23张反对票。像这样的例子，在马云的创业历程中还有很多。

此外，马云的“疯”不仅体现在创业历程中做的事情，还有他那“语不惊人死不休”的疯狂口才。

杭州的市民偶尔可以在大排档里见到他。喝得微醺，跟一大帮人神侃瞎聊，手舞足蹈，俨然一个小市民。“我有一副天生的好口才，为什么不可以在大街上宣传我的公司?”马云说。

在美国麻省理工学院讲台上，他口若悬河、张牙舞爪；在哈佛讲台上与诺基亚总裁激烈辩论，最终赢得了台下1000多名听众长时间的起立鼓掌。

不像那些时尚的CEO，马云从来没有专门的机构规划自己的公众形象。但这个被《福布斯》描写为“长相怪异”的43岁的CEO，居然有着大量的“粉丝”。

所有的媒体报道似乎都如出一辙地为马云画了一幅如此肖像：马云="狂妄、执着、疯癫”的互联网精英。

“我可能疯狂一点，但绝不愚蠢!”马云说。

毋庸置疑，创业者要想取得成功，是需要一点“疯狂”的。成功者大部分都是偏执狂，这也是为什么成功的人只有3%的缘故，而“偏执”中就有疯狂的因子。当然，我们应该认识到，这种疯狂不是盲目的偏执，它代表的是一种大胆的想象、坚定的忘我和专注的执着，把自己的主要精力和时间放在热爱的事业上。

从当初蹬着三轮车到处兜售键盘、机箱的中关村小贩，到如今成为年营业额高达几十亿元的国内数码产品第一品牌的华旗当家人——冯军，创造了中国创业者白手起家的一个传奇。冯军之所以能在中关村异军突起，扛起自己那面“中华的旗帜”，与他的专注与执着是分不开的，当时由于资金有限，冯军只能在其他公司的营业场所租一张桌子，作为公司的营业所在地。这个刚刚成立的小公司最初只有两个人，一个是冯军，还有一个是他新招来的大学毕业生。可是，没几天，大学生就不干了。原来，这个大学生骑着三轮车给客户送货的时候，撞见自己的大学同学了。同学们找

的工作都是坐在办公室里，而他却在蹬三轮，相比之下，他顿时觉得颜面全无，恨不得找个地缝钻进去。这也难怪，在20世纪90年代初，大学毕业生还是比较稀有的资源，工作并不难找，而蹬三轮确实不是一份有前途的工作。

大学生没坚持下来，但同样是大学毕业，而且是清华大学的高材生的冯军却坚持了下来。为了打开市场，无论是炎热的暑天，还是大雪纷飞的冬天，冯军都会蹬着三轮车，拿着键盘和机箱，挨家挨户推销自己的产品。为此，他还获得了一个“冯五块”的绰号。

1993年的一天，中关村颐宾楼某公司，正在组装电脑的小赵对老板说：“‘冯五块’又来了。”只见冯军一手拎着键盘，一手抱着机箱，满脸堆笑地往柜台这边走来。“看一眼今天的最新款。”说话间，冯军已将机箱放到了老板眼前。这家公司冯军来过很多次，老板已经有些被他打动了。“哎，你这东西不错，什么时候客户需要，再找你吧！”冯军知道这是一些老板打发人的套话，也知道如果自己就这样走了，那么就等于失去了这个机会。所以，他并没挪步：“如果有客户要，可又看不见货，那怎么办呢？”老板笑了，同意冯军将机箱放下来代销。但冯军没钱压货，他必须拿回现金才可以周转：“你可以给我一张晚期支票，现金当然最好。我只赚你五块钱。一个月之内，你卖不出去，我保证退款。你看我每天都来，不会跑掉的……”“冯五块”的绰号由此而来。

当时的中关村，大大小小的公司对推销员都很反感，所以被人拒绝、往外赶是家常便饭。冯军被推出过无数次，但是他没有沮丧。那么是什么让冯军能够坚持下来呢？对此，他有着自己的想法：“他这么赶我，肯定也会这么赶别人。但如果有一天他接纳了我，就不会再接纳别人了。这种客户我一定要拿下，以后维护起来也省心。”

果然，凭着坚定的决心，冯军推销的电脑机箱慢慢地进入了更多人的视线。随后，凭借对市场的敏锐察觉，冯军迎来了他的第一个机会——代理小太阳键盘，这次代理让他掘到了第一桶金。

之后，冯军把利润小、不起眼的机箱和键盘生意做了二十几年。如今爱国者已经成为DIY市场一流的品牌，这时再没有人会说机箱和键盘是小生意了。冯军和他的团队依靠专注和执着把不可能变成了可能，扛起了“中华的旗帜”这面大旗。

正如冯军说的那样：只有执着的人最后才能活下来，而且活得很好。任何一个成功的企业家都有一种执着的精神，而对冯军来说，性格中的执着可以说是他成功必不可少的要素。他不是那种轻易放弃的人，正是靠坚忍和执着把不可能变成了可能。

在创业中，缺乏专注与执着是很难有大的成就的。对比一下那些成功的企业家，表面上看，我们与他们的差距是财富，但比财富差距更大的，是我们的勇气与执着。

相信自己，自信是创业者的最大资本

“大石拦路，勇者视为进步的阶梯，弱者视为前进的障碍。”只要相信自己的力量，树立必胜的信心，尽自己最大的努力，是一定会获得成功的。

对于初次创业者，最缺的不是资金、学识，而是自信心，自信心不足，才是导致创业失败的根本原因。所以，作为创业者，与其惶惶不可终日，倒不如让自己在生活中充满活力与激情，勇敢地接受创业挑战和改变自我，这才是获得创业成功的前提。

李书福是在浙江台州一个贫穷落后的山村里长大的。据他自己说，他

非常自信，敢于挑战任何困难。因为他始终相信：自己一定会获得大财富。

也正是源于自己的自信，李书福在20世纪80年代初期，就时髦地做起了“个体户”。1982年，他开设了属于自己的照相馆；1983年，他迈出办企业的第一步。

李书福说：“我选的工业项目都是别人做不了的，是从‘垃圾’中提取金银。当时我就相信，我肯定能在这个方面做出不一样的成绩。”喜欢鼓捣的李书福经常买一些零件自己组装照相机。在洗照片的过程中他发现，用一种药水浸泡，可以把废弃物中的金银分离出来。李书福开始把分离提取出来的金银背到杭州出售。后来干脆关了照相馆，专门做出售金银的买卖。为这个项目，李书福投资了1万元。虽然这些钱大部分来自生意不错的照相业务，但李书福还是义无反顾地把照相馆关了门。李书福至今对这个生财之道感觉良好：“这个到现在别人还做不了。”

1984年的一天，李书福去一个小鞋厂定做一双皮鞋，发现鞋厂的4个工人都在给冰箱做一种元件。那时候，冰箱在北方一些城市绝对是供不应求。李书福觉得这是个不错的商机，回家后便也开始生产这种冰箱零部件。

据说一开始，李书福就是自己一个人生产，然后装包里，骑自行车把零部件送到冰箱厂。当时有很多人都嘲笑他的这种行为，可是李书福很自信，他认为自己的事业一定会有好的回报。后来，李书福和其他几个兄弟一起成立了冰箱配件厂，他出任厂长，效益非常好，一年营业额有四五千万元。

不过，李书福的自信并没有就此减弱，反而“更上一层楼”。李书福认为，自己不能停留在生产电冰箱配件的层面上，于是他做出了一个更大胆的决定——生产电冰箱。在1985年前后，民营经济还没有获得正式承认，电冰箱这种国家统一配售的商品，不可能允许私营企业生产。带着这份自信，李书福很快投入技术研发，1986 年，李书福在自己研发、生产出电冰箱关键零部件——蒸发器后，组建了黄岩县北极花电冰箱厂，生产北极花电冰箱。曾经的一位老员工这样说："到 1989 年 5 月，冰箱销售额已达 4000 多万元，并与青岛红星厂合作，为红星厂生产冰箱、冰柜。"1989 年，李书福这个 26 岁的北极花冰箱厂厂长，已经是一个千万富翁了。

1995 年，李书福经历了落败，但他的自信心依然没有丢掉。这一年，他开始进入汽车行业，打造吉利品牌汽车。当记者问起他为何要选择 1995 年进军汽车行业时，他说："因为我相信，1995 年吉利品牌进入汽车行业是最佳时机，早一年不行，晚一年也不行。"为了证明他所说的准确性，他给记者拿来了前年发表的一篇有关民营企业造车热的文章，指着文章说："这可不是吹呢！"因此，有记者评论道："李书福永远都是那么自信！永远都是那么高瞻远瞩！"

李书福的成功，与他的"自信"性格有直接关系。李书福每次做出重大转折性的决定后，都会义无反顾地去追求，因为他明白，那份自信心是任何力量都不能击垮的。

在这些白手起家的创业者中，白手起家的创业者有很多，他们有的依靠才智创业，有的依靠机遇创业，但无论如何，有一个品格是他们共有的，那就是自信。

当然，自信并非自负。在创业时，创业者要清楚地认识到自己在社会中的位置，了解自己，避免自大、自傲。比如，了解自己适合干什么，在哪个方面才能做出业绩，以给自己一个合适的定位，这样，才能在自己最熟悉的行业中取得成功。相反，如果对自己认识不清，盲目选择那些"热门"却不适合自己的行业，创业绝对不可能取得成功。

王安坚信王安计算机最终会独占市场，因为其产品是业界最好的。但他没有及时根据市场的需要而转变生产，而是违背了计算机普及化的趋

势，集中了大量人力和财力开发高档计算机，致使产品滞销、客源流失、债务累累，终致破产。

莫辛莫·贾恩鲁里在捕捉服装设计的流行趋势方面颇有一点天分，他因此而认为自己还是一个商业奇才。结果，他所制订的公司快速发展计划深受成本超支、货物迟交、系统不当之害——公司股价下跌了90%，直到那个时候，他才最终走下公司高位。

可见，一个人可以自信，但绝不可以自负，更不能狂妄。否则，等待你的只有惨败。

自信是成功的阶梯。唯有自信，才能激发动力、迈向成功。大凡成功人士，无不拥有良好的自信心和顽强的意志力。只有自信，才能自强；只有坚强的信念，才能焕发创业的动力。

自信源于实力，来自平时的点滴积累和努力。所以，我们每一个人都要学会培养自信心，强化战胜艰难、应对挑战的意志，在创业途中遇到困难和挫折，不能畏难发愁、观望不前、优柔寡断，而要大胆去闯、勇于尝试、敢于拼搏。

拒绝自卑，将其化作创业的动力

不可否认，每个人多多少少都有一些自卑心理，适度的自卑可以起到激励自己不断进步的作用，但是如果过度自卑，那么自卑就会变成一种慢性自杀。自卑可以吞噬一个人做事的动力和信心，让一个人从抑郁走向颓废，从而与成功背道而驰。

在一次讨论会上，一位著名的演说家上台什么都没说，只是手里高举着一张20美元的钞票。面对会议室里的200个人，问："谁要这20美元？"

一只只手举了起来。他接着说："我打算把这20美元送给你们中的一位，但在这之前，请准许我做一件事。"他说着将钞票揉成一团，然后问："谁还要?"仍有人举起手来。

他又说："那么，假如我这样做又会怎么样呢?"他把钞票扔到地上，又踏上一只脚，并且用脚踩它。之后他拾起钞票，钞票已变得又脏又皱。

"现在谁还要?"还是有人举起手来。

"朋友们，你们已经上了一堂很有意义的课。无论我如何对待那张钞票，你们还是想要它，为什么？因为它并没贬值，它依旧值20美元。人生路上，我们会无数次被逆境击倒。我们觉得自己似乎一文不值，但无论发生什么，或将要发生什么，在上帝的眼中，我们永远是无价之宝。"

的确，我们不会因为境遇而贬值，更不会因为外表的好坏而影响到我们内心的东西，所以我们没有必要自卑，相反，我们应该始终保持满满的自信，因为只有充满自信，我们才能更好地发挥出我们内在的价值，才能更快地接近成功。

有些创业的人无论在什么时候，任何条件下都对自己充满自信心。而有的人却恰恰相反，只陷在自卑中不能自拔，对自己一点信心都没有。事实证明，前者在创业上容易取得成功，而后者取得成功的概率则相对小一些。

早年，俞敏洪其实是个很自卑的人。1978年，俞敏洪16岁。那年他高中毕业，毕业后大学没上成，白天在家喂猪、种地，晚上则在油灯下复习功课准备实现自己心中那个小小理想：念大学，逃出农村。1979年高考揭榜，俞敏洪仍然与大学无缘。当时俞敏洪的要求并不高，只是江苏省地区师范学院。那是一所位于江苏常熟市的大专，但却是俞敏洪当时梦寐以求的学校。终于，1980年高考的时候，俞敏洪奋力一搏，在他那个外语补

习班里考了第一。只是到这时他才想起自己也许该报一所名牌大学。令俞敏洪意想不到的是，自己居然被北大西语系录取了！

对于俞敏洪来说，大学生活可能更多的是一种痛苦或折磨，而不仅仅是烦恼。1980 年夏天，当俞敏洪从农村挑着两个大麻袋来北大报到的时候，他对大学生活完全是一片茫然，根本不知道自己在大学的路会是怎样。令俞敏洪印象非常深刻的是，他进宿舍第一天，就碰到一件令他感到特别痛苦和特别自卑的事情。虽然时隔多年，讲起这件事，俞敏洪仍历历在目：他宿舍的一个同学正躺在床上看一本叫《第三帝国的兴亡》的书，当时俞敏洪觉得特奇怪，就用很糟糕、很难听的江苏农村普通话问他："上大学还要看这种书的?"那个同学抬头白了他一眼，没说什么话。这一眼在俞敏洪一生中留下了几乎是不可磨灭的印象，也影响了俞敏洪几乎整个的大学生活。俞敏洪在接下来四年的大学生活里总是感到极其自卑，到后来他甚至对什么都害怕，对什么都恐惧。但与此同时，俞敏洪也终于知道，他要读很多很多的书。

俞敏洪说，他在大学期间的自卑感不但使他不善于与人打交道，甚至严重到没谈过恋爱。他不是不想谈恋爱，问题是，他总是看上一个女孩子之后怕得要死，不敢去追。

初遇北大，同学对他的无知的打击使他深感自卑，但自卑并没有使他沉沦，反而使他意识到自己的不足，深感自己要多读书，并因此一发不可收拾，在短短半年时间就通读了 600 多本中外名著。大学毕业时，由于中文书读多了，英文念少了，英语专业出身的俞敏洪甚至自我感觉英语欠佳。他说，自己英语水平的提高是后来被逼出来的，因为要不断地教书，所以不得不一项一项地研究。他又说，自己英语词汇量也是被学生逼出来的。学生天天拿出书来问他这个单词什么意思，他回答说，对不起，想不起来，明天再说。如此反复几次，俞敏洪感到他必须要为教学背单词，一本书、一本书地啃过去。他的刻苦钻研终于有了结果，后来他成为"中国英语词汇大师”，他的《GRE 词汇精选》也因此被誉为留学美国学员的“红宝书”。

相信很多人都有过类似俞敏洪的经历与感受，但不是很多人都像俞敏洪一样能从自卑中崛起。一些人可能因为自卑而更加自卑，并且一直自卑、沉沦下去。其实，自卑本身并不可怕，可怕的是没有意识到隐蔽在自卑身后的自己的能力、经验或知识的不足，并积极采取行动去克服它。

自卑本身就是消极的自我暗示，经常对自己使用否定性的评价会让自己觉得不如别人，从而阻碍自己取得成功。因此，要勇敢地暗示自己“我能行!”“我是最棒的!”这样才会增加战胜困难的力量和信心，离成功自然也就不远了。记住，你在这个世界上是独一无二的。在创业路上，每天只要进步一点点，你一定能够做到最棒!

任何人生下来不可能完美，通过努力仍然会有诸多遗憾。把任何人放在一个群体中，群体中总会有人在某些方面非常显眼，超过他人。这就是所谓的“三人行，必有我师”。相比之下，你的很多方面都会不如别人，使你不满。成功者亦然，成功者在人群中也有自己不如人的地方，但他们却自信而不自卑，他们在群体中只展示自己的优点，因而越比越有自信。自卑是蠢人用别人的优点惩罚自己的愚蠢行为，千万不要让自卑蒙住了你的双眼，使你无视自己的优点和长处。

对于创业者来说，谁都不是完人。在其身上既存在自信，也存在自卑。如果自卑的心理占优势，则容易使他们消极，从而失去战胜困难的勇气，导致本来有希望成功却最终走向失败。如果他们自信的心理占优势，就往往容易看到自己的优点，遇到困难时能够鼓起勇气去战胜。

第二堂课

创业准备：准备越充分，创业越顺利

决意冒险：准备好成为一名创业者

人生的每一种行为都是一个冒险的过程，因为我们所做的每件事都有成功或失败两种可能。只要存在失败危险的事，做起来都是冒险行为。如果不冒险，只有一种选择，那就是放弃。但在现实生活中，人是不能永远选择放弃的，那么只有选择去做，并且尽全力做好，才是我们应该选择的。

为什么要冒险？因为如果你不冒险，就永远不可能取得胜利。每一个人心里都希望自己成功，问题就出在大家总是坐等机会的来临，但机会是永远不会光临守株待兔的人的，只有进取的人才能与机会相逢。

有些二十几岁的朋友喜欢放任自己，随波逐流，得过且过，这种生活理念与冒险理念相反。当然，他们也不会尝到胜利的果实。

在第一次世界大战期间，有一位突击队长在执行任务过程中受伤，地点是火线上。敌人密集的枪弹把他躺着的地方封锁得密不透风，似乎在说，看看有谁敢来救他，连长征求两名志愿者去救他。结果全连都跨步向前。少校选择了两名兵龄最长者。这两个人果然不负众望，一寸一寸地匍匐着爬到伤者身边把他拖救了出来。一个精锐的部队，队员大多数都把生死置之度外去接受特别艰险的任务，他们认为那是一种荣誉。

美国青年创业训练营每年都要招集成批渴望成为领导人物的青少年。这些青少年时刻接受这样一句忠告："接受困难，勇于冒险。"

训练营中经常弥漫着一股尖锐的杀伐之气。这些青少年在种种场合中个个都想出人头地，崭露头角。棒球赛、跳水、爬杆比赛，就像上心理课程一样，紧张刺激而全神贯注。老师们把课程排得非常紧凑而有趣。每一周都举行业余节目，每一个人都要学习如何表现自己，怎样使他人感到快乐，把握自己的个性使它能吸引众人。一定要争取最能够领导而又最能影响别人的机会和地位。在这样一个自励过程中，所有青年都在尽心尽力地表现自我、发展自我。来这里受训的学员能体验到生命的各个方面都充满趣味。还有什么地方更能让男孩子或女孩子体会到生命的新境界呢？训练营的格言是："随时随地，表现自我，倾尽心力！"他们随着训练项目尽其所能地进取着，光荣地完成训练。

对一个奉献自己的人来讲，生活本身就是一种光荣的冒险事业。一早从床上跳下来就充满着战斗力，面对可能使你沮丧的人或环境，那你是走在胜利的路上了，因为只要你对问题采取积极的态度，你的问题就已经解决了一半。只要你付出更大的努力，胜利就会提前到来。

也许你会问，如何冒险？首先你要承认积极进取的生活可以改变你的人生。大多数人都是忧虑、恐惧的牺牲品，怕生病、怕过苦日子、怕失去现有职业、怕失败。但你必须了解勇气之中就含有忧虑和恐惧成分，主要重点在于如何去克服它：当你敢于向忧虑和恐惧进攻，那就说明你已经控制了忧虑和恐惧，不再为其所控制了。

冒险首先要求的是勇敢精神，但不是盲目冒险。成功者首要的是目的明确，在目标召唤下勇敢地去做、冒险地去行动。

要求永远不犯错，正是什么也做不成的原因。因此，你需要改掉的是一整套的习惯。首先，遇到有小事要决定的时候，练习"快动作"：譬如说，决定看哪一部电影，写什么信，要不要买某一件外套。电影只用五分钟决定，信用一小时，外套大约两三个小时。

强制自己在某一时限内做决定，决定好了就不要改变（不要写了信又撕掉，买了外套又退回店里）。你或许会觉得做这件事太莽撞，太不顾虑后果，这种想法正是问题症结所在。事情过了几天，说不定你会意想不到地对自己的决定感到满意。

当然，比较重大、长远的事不能如法炮制，不要在有限的多少小时或

分钟之内迅速决定婚姻、生子、投资的问题。不过，平时多采取快动作，可培养面临重大事项时的决断力。

许多画家就是以这个方法给自己实现求新及犯错的机会，譬如画一张平面立体感的画，要求自己三分钟内完成。假如效果好，自然很不错；假如不好，也可免得总是自以为自己的画完美无缺。

有一次，但维尔地区经济萧条，不少工厂和商店纷纷倒闭，被迫贱价抛售自己堆积如山的存货，价钱低到 1 美元可以买到 100 双袜子。

那时，约翰还是一家织制厂的小技师。他马上把自己积蓄的钱用于收购低价货物，人们见到他这股傻劲，都公然嘲笑他是个蠢材！

约翰对别人的嘲笑漠然置之，依旧收购各工厂和商店抛售的货物，并租了很大的货仓来储货。

他妻子劝说他，不要把这些别人廉价抛售的东西购入，因为他们历年积蓄下来的钱数量有限，而且是准备用做子女教养费的。如果此举血本无归，后果不堪设想。

对于妻子忧心忡忡的劝告，约翰笑过后又安慰她道："三个月以后，我们就可以靠这些廉价货物发大财。"约翰的话似乎兑现不了。过了 10 多天后，那些工厂贱价抛售也找不到买主了，便把所有存货用车运走烧掉，以此稳定市场上的物价。

太太看到别人已经在焚烧货物，不由得焦急万分，抱怨起来。对于妻子的抱怨，约翰一言不发。终于，美国政府采取了紧急行动，稳定了但维尔地区的物价，并且大力支持那里的厂商复业。

这时，但维尔地区因焚烧的货物过多，存货欠缺，物价一天天飞涨，约翰马上把自己的库存大量货物抛售出去，一来赚了一大笔钱，二来使市场物价得以稳定，不致暴涨不断。

在他决定抛售货物时，他妻子又劝告他暂时不要把货物出售，因为物价还在一天一天飞涨。他平静地说："是抛售的时候了，再拖延一段时间，就会后悔莫及。"果然，约翰的存货刚刚售完，物价便跌了下来。他的妻子对他的冒险决策钦佩不已。

后来，约翰用这笔赚来的钱，开设了五家百货商店，业务十分兴旺。如今，约翰已是全美举足轻重的商业巨子。

在这里应当说，冒险精神不是探险行动，但探险家的行动必须拥有足够的冒险精神。所以，郑和下西洋、哥伦布发现新大陆、麦哲伦环球航行，都具备人类最伟大的冒险精神，没有这一点，成功与他们无缘。

做好心理准备：创业就是与困难、失败为伴

二十几岁的年轻人，谁没有空想过？谁没有幻想过？"想入非非"是青春的标志。但是年轻的朋友们要记住：只有一双梦想的翅膀是飞不高的，还需要有一双脚踏实地的脚。因为，行动才能将梦想点石成金。古今中外的一些成功人士就是最好的证明。

三国名相诸葛亮年轻的时候只是一个普通的书生，"躬耕于南阳"，他的叔叔在襄阳做官，几次邀请他去官府做事，都被他拒绝了。

大家都很不解，俗话说："朝里有人好办事。"在叔叔的官府里做事，不是更容易受到器重吗？这么好的机会为什么不去呢？诸葛亮笑着说："我读书是要做大事业，我要做的是像古代的管仲、乐毅一样的大事，又怎么能屈居在小小的襄阳做一个刀笔小吏呢？"

大家听了哈哈大笑，都说他野心太大而不切实际。诸葛亮也没有辩解，只是微微地笑了笑。后来，刘备招贤纳士，想壮大自己的事业。他听

说诸葛亮很有才能，于是“三顾茅庐”请诸葛亮出山。在诸葛亮的帮助下，刘备从一个四处逃窜的“流浪军”首领，变成了一个“三分天下有其一”的蜀国皇帝。

由此，诸葛亮以实际行动证实了自己当初的想法不是什么“痴心妄想”。

如果诸葛亮空有“要做大事业”的想法，而没有付出行动，恐怕就成了为后人耻笑的“痴心妄想”家。

可见，一个人有了梦想还不够，还要有实现梦想的行动，并付出艰苦的努力，即使遇到再大的困难也不退缩。哥伦布就是一个这样的人。

哥伦布还在求学的时候，偶然读到一本毕达哥拉斯的著作，书上说地球是圆的，他就牢记在脑子里。

经过很长时间的思索和研究后，他大胆地提出，如果地球真是圆的，他便可以经过极短的路程而到达印度了。自然，许多有常识的大学教授和哲学家们都耻笑他的意见。因为，他想向西方行驶而到达东方的印度，是在痴人说梦。

他们告诉他：地球不是圆的，而是方的，然后又警告道，他要是一直向西航行，他的船将驶到地球的边缘而掉下去……这不是等于走上自杀之途吗？

然而，哥伦布对这个问题很有自信，只可惜他家境贫寒，没有钱让他实现这个冒险的理想，他想从别人那儿得到一点钱，助他成功，他一连空等了17年，还是失望。他决定不再等下去，于是起程去见皇后伊莎贝露，沿途穷得竟以乞讨糊口。皇后赞赏他的理想，并答应赐给他船只，让他去从事这种冒险的工作。接下来的问题是，水手们都怕死，没人愿意跟随他去，于是哥伦布鼓起勇气跑到海滨，捉住了几位水手，先向他们哀求，接着是劝告，最后用恫吓手段逼迫他们去。一方面他又请求女皇释放一些狱中的死囚，允许他们如果冒险成功，就可以免罪恢复自由。

一切准备妥当，1492 年 8 月，哥伦布率领三艘帆船，开始了一个划时代的航行。

刚航行几天，就有两艘船破了；接着又在几百平方千米的海藻中陷入了进退两难的险境。他亲自拨开海藻，船才得以继续航行。在浩瀚无垠的大西洋中航行了六七十天，也不见大陆的踪影，水手们都失望了，他们要求返航，否则就要把哥伦布杀死。哥伦布兼用鼓励和高压两种手段，总算说服了船员。

也许是天无绝人之路，在继续前进中，哥伦布忽然看见有一群飞鸟向西南方向飞去，他立即命令船队改变航向，紧跟这群飞鸟。因为他知道海鸟总是飞向有食物和适于它们生活的地方，所以他预料到附近可能有陆地。

果然，哥伦布很快发现了美洲新大陆。

哥伦布最终成了英雄，他从美洲带回了大量黄金珠宝，并得到了国王的奖赏，以新大陆的发现者之名而名垂千古。这一切都是行动的结果。

试想，如果哥伦布只是抱着“梦想”等下去，必然会一生蹉跎，“空悲切，白了少年头”，美洲大陆的发现者可能也就改换他人了，成功者的桂冠永远不会属于哥伦布。

梦想就是方向，行动就是动力！一个志存高远的年轻人，梦想就是财富，只要我你善于把这种梦想转换成智慧和实实在在的努力，成功就离你不远了！

学会用脑袋做事

做任何事情之前都要养成先思考的习惯，思考你的目标、做事的步骤以及最后达到一种什么效果。做事不动大脑的人会遭到机会的抛弃。

在暑假快要来临的时候，年仅16岁的巴迪斯对他父亲说："爸爸，我不能整个暑假都向你要钱，我想找一份工作干。"

父亲对巴迪斯说："好啊！巴迪斯。我想办法帮你找个工作，但恐怕不太容易，如今正是人浮于事的时候。"

"爸爸，你没有明白我的意思。我并不是要你帮我找工作，而是我自己去找。还有，请不要那么消极悲观。虽然如今人浮于事，我想我还是能找到工作的……有些人总是可以找到工作的。"

"哪些人？"父亲带着怀疑的口吻问。

"那些会动脑筋的人。"巴迪斯回答道。

巴迪斯在招聘启事上仔细搜寻着，终于找到了一个很适合他专长的工作。招聘上说，应聘者要在次日8点钟到达××街的一个地方。

第二天，巴迪斯并没有等到8点钟，而是提前了20分钟到了那里。可是他看到，在他前面已经有20个人排在那里，他只是队伍中的第21名。怎样才能引起特别注意而竞聘成功呢？这是巴迪斯面临的问题，他应该怎样处理呢？只有一件事可做——开动脑筋想办法。

只要真正思考起来，总会想出办法来的，巴迪斯就想出了一个办法。他拿出一张纸，在上面写上几句话后，整整齐齐地折叠起来，然后走向负责接待的秘书小姐，恭恭敬敬地对她说："小姐，请您马上把这张纸条转交给您的老板，这非常重要。"

秘书小姐经验很丰富。如果巴迪斯是个普通的人，秘书小姐可能就会说："算了吧，小伙子。请您回到队伍的第21个位子上等吧。"但是他不是普通的男孩子，她直觉地感到，他散发出一种自信的气质。她把纸条收下了。

"好啊！"秘书小姐说，"让我来看看这张纸条。"她看了后，不禁微笑起来。她立刻站起来，走进老板的办公室，把纸条递给了老板。老板看后，也大声笑了起来，因为纸条上写着："先生，我排在队伍中的第21位，在你没有看到我之前，请不要做决定。"

最后，巴迪斯竟得了这份工作，因为他很早就学会了动脑子。

一个会动脑筋思考的人，总能掌握住问题的关键，也能够解决它。一个处于第21号位子的人，按常理是没有什么优势可言的，但动脑的结果却使巴迪斯战胜了占据有利位子的对手。

任何一个有意义的构想和计划都是出自思考，而且越勤于动脑，收益就会越大。一个懒得思考难题的人，会遇到许多取舍不定的问题；做事前多动动脑筋，你的行动就会更有目的性，收获就会更大。有成就的人都养成了勤于思考的习惯，善于发现问题、解决问题。

不要总是艳羡别人的成功或是财富，那是思考和行动的结晶。没有任何一个懒得天天睡大觉的人可以有所发明创造。

如果你也想拥有财富，那么，赶快启动思考的闸门，放飞智慧吧！

一个善于观察的男人发现自己的鞋眼被拉了出来，因为买不起一双新鞋，便思忖："我要做个可以镶到皮革里的带钩的金属圈。"当时他贫困潦倒，连割房前的草都要向别人借镰刀，而就靠这项小发明，他成了一位富翁。

新泽西的纽瓦克有一位善于观察的理发师，他觉得理发的剪刀有待改进，便发明了理发推子，由此发了大财；缅因州有位男子不得不帮助卧病

在床的妻子洗衣服，他感到传统的洗衣方法既耗费时间，又消耗体力，便发明了洗衣机，这样他也成了富翁；有一位先生受尽牙痛之苦，心想应该有一种方法把牙塞起来止痛，便发明了黄金塞牙法。

米开朗基罗在佛罗伦萨街边的垃圾堆里捡到一块被人扔掉的克拉拉大理石，这块大理石是被一个不熟练的工人在切割过程中损坏的。无疑也有其他艺术家注意到了这块品质优良的大理石，但因其被损坏，所以仅仅是非常痛惜。只有米开朗基罗看到这块废弃的大理石中的天赋，用凿子和锤子创作出人类历史上一件最优秀的雕像——《年轻的大卫》。

帕特里克·亨利年轻时被人视为懒惰的废物，务农、经商均一事无成。他学习了六个星期的法律便挂出营业招牌，在打赢第一场官司后，他终于觉得自己即使在家乡弗吉尼亚也能获得成功。英国当局通过印花税条例后，亨利被选入弗吉尼亚州议会，提出了反对这一不公平征税的法案。他终于成为美国最出色的演说家。

思考才是最实际的成功法则，很多大的发明创造都是源于伟大的思考。因此，如果你想做成一件事情，一定要先动脑筋。只有思考才能诞生伟大的梦想；没有思考，人生将像一盘散沙。

吃透一个赚钱的行业

在现今的时代，无论是职场还是商场，几乎没有竞争对手出现的领域，成功者则是在其所在领域中竞争中获胜的一方，他们之所以能够获得胜利，超过其竞争对手，有一点是至关重要的，那就是他们对自己所在的行业或者领域有着深刻的了解，至少比其竞争对手要了解得深刻。

这是现今社会中成功者身上特有的一个特点，也是决定他们能够获得成功的关键。在这儿我们来看一个事例。

小张是国内某名牌大学的毕业生。他在校期间无论是学习还是其他的方面都表现得不错，可以说是一名相当优秀的学生。毕业后，凭借着他在校的表现很是顺利地找到了一份不错的工作——在一家行业杂志社做编辑记者。

小张相信：凭借自己的能力很轻松地就可以将这份工作做好，并且对在这家杂志社以后的发展充满了信心。确实，小张的文字功底不错，经他手所刊发出去的稿件在文字上没有任何的问题。编辑部主任很是欣赏小张，并劝说小张不要老是局限于文字处理，而是要多了解一下所在行业知识。

小张并没有将主任的话放在心上，觉得自己杂志的编辑记者所做的是文字工作，只要做好这方面的事情就够了，何必去了解那些呢？

日子一天一天地过去，转眼间小张在这家杂志社工作了将近一年，令他感到难以理解以及有些抱怨的是，他跟刚进公司时一样没有多大的改变，而一些跟他同时进这家公司或者是后进来的同事不是在职位上有所晋升就是薪水上有所提升。

他感到十分的郁闷，因为在他看来他做的已经很好了，至少比他的那些同事要好，因为同事们所采写的稿件大部分是经过他修改之后才刊发的，他几乎每天都在埋头工作，而他的那些同事却显得很是清闲，在办公室内所做的最多的就是打电话，而大部分的时间却很少见到他们的影子。

他带着不解和抱怨敲开了编辑部主任办公室的门，想弄清楚为什么会这样。主任在听完之后只是笑了笑，跟小张说起是不是还记得他以前所说的让小张多了解一些行业的话。最后，这位编辑部主任很是中肯地对小张说："不错，你的文字功底确实很好，但是仅仅有这些你是很难得以很好发展的，除非你对自己所在的行业有着足够的了解。"

一个有着很好的文字功底的年轻人却不能在一家杂志社得以很好的发展，这或许是我们难以理解的事，而那位编辑部主任的话就更让我们觉得有些不可思议了。然而，不管我们心中有着多少疑问，但是编辑部主任所说的话在我们现今所处的时代绝对是真理。缘何如此呢？

这是由我们所处的时代特色所决定的。正如上面所说的一样，在现今的社会中几乎没有不存在竞争对手的行业与领域存在，而我们要获得更好的生存以及发展，乃至成功，就必须对某一个行业和领域有所了解，并且了解得越多越深越好。因为只有当我们对自己所在的行业以及领域有了足够的了解之后，才能知道自己应该做什么不该做什么，以及怎么去做。否则，即使我们本身所具有的能力再卓越，也只不过是没有任何目标的弯弓搭箭乱射。

现今时代的成功者都是对自己所在的行业与领域有着较为深刻的了解的，他们能取得成功就在于他们对此了解之后，知道了该做什么以及怎么去做。而大多数没有获得成功的人并非他们本身所具有的能力不够，而是在于他们缺乏对自己所在的行业与领域的了解，以至于使得自己的能力难以发挥。

对所在的行业与领域是否有着足够的了解，对企业的兴衰成败至关重要。试想一下，在竞争激烈的市场环境中，一家企业对所在行业以及涉及的领域的基本情况都不大清楚，又怎么能了解市场，知晓市场的需求，制订出很好的商业发展计划，从而走向发展壮大呢？

养成个人果敢的处事风格

一个人如果做事优柔寡断、犹豫不决，最后只能是两手空空、一事无成。世间最可怜的就是那些遇事举棋不定的人。他们一旦遇到了事情，就慌张，不知道该怎么办，结果失去了做事的最佳时机。

一个人要做大事，遇事就勿慌，要冷静，更要反应迅速，当机立断，采取果断措施，清祸乱于无形。面对瞬息万变的局面，应当随机应变，干脆利落，方寸不乱。

宋仁宗时，社会经济文化都有很大的发展。但土地兼并严重，国家财政亏空，西夏和辽国屡次犯边，国内人民起义不断，统治集团内部矛盾重重，使北宋积贫积弱的局面逐渐形成。

这种社会不稳定的局面，反映到皇宫，就是内部的斗争逐渐尖锐起来。崇政殿的侍从官颜秀、郭逵、王胜、孙利四人，本是皇帝的心腹，为皇帝而生而死。但是，眼看社会动荡不安，他们觉得北宋江山也长久不了，便私下里密谋，准备兴兵叛变，劫持仁宗，“挟天子以令诸侯”，或直接推翻宋朝，以新的年号取而代之。他们是皇帝侍从官，容易接近皇帝，很容易达到目的。正如俗话说：堡垒最容易从内部攻破。

准备就绪后，颜秀便开始行动了。他们杀死了军校，进入延和殿，再攻杀进禁中，很快逼近皇帝的寝宫。这时，皇后正在殿内和皇帝闲谈，夜里得知宫内发生谋变，仁宗很惊慌，便打算逃出寝殿，保全自己，皇后却立即关好门，然后派人召来都知董守忠等人，请他们带兵护卫，确保皇上安全。不一会儿，颜秀等人冲到福宁殿下，斩杀宫中人，宫中人见状四处奔逃，惊吓声四起，有的被斩断了臂膀，呼痛之声，响彻帝所。恐怖与惊吓的气氛，笼罩着整个寝殿。何承用怕皇帝惊恐，启奏宫人殴打小女子。皇后大声怒斥道：“叛贼在殿下杀人，皇上就要出来，你们还敢妄言启奏?”皇后知道叛贼要纵火烧殿，便吩咐左右持水准备。

不一会儿，叛贼果然以蜡烛焚烧灯笼，再焚烧宫殿。左右持水者，迅速将火灌灭，叛贼烧殿不成，双方的战斗仍在激烈地进行着。为了组织力量，打击叛贼，防止出现更大的叛乱，皇后亲自削剪宦官的头发，并说：

“平定叛贼后，我要论功行赏，其凭证就是剪过的头发。”宫中宦官及宫女，都争相剪发，尽力拼杀。经过一番激烈的战斗，宦官及宫女有一定伤亡，但颜秀、郭逵、孙利三人终为宿卫兵所诛杀，王胜一人逃跑，数日之后，也被抓获，立即斩杀。颜秀等人的宫中谋变，至此便彻底失败了，宫中又恢复了原有的平静。

这次事变，起于突然，宫中毫无准备，但仁宗皇后却善观动态，巧于措置，仓促之间，指挥若定，转危为安，终于平乱，没有惊人的魄力是很难办到的。仁宗皇后不愧为巾帼英雄。

自古成大事者，遇到事情决不患得患失，或苛求尽善尽美，而是看准时机，果断取舍，勇敢地去做。

现实生活中，很多人二十几岁就胸怀大志，开始奋斗，以期做出不平凡的成就，最终无法成大事，究其原因，这些人并不是缺乏创立一番事业的能力，而是犹豫不决，缺乏判断力。

大凡成大事者均须当机立断，把握时机。一旦对事情考察清楚，并制订了周密计划后，他们就不再犹豫、不再怀疑，而是勇敢果断地立刻去做。因此，他们对任何事情往往都能做到驾轻就熟，马到成功。

锻炼自己的事务处理能力

作为创业者，要想把事业做好，就必须提升自我的处理事务、办事的能力。因为作为创业者，你办事能力的强弱是引人注目的，办事能力强，就意味着他有水平；反之，则毫无水平可言。办任何事，都必须具备办事的品质。按照现代创业者学的要求，创业者的办事品质主要包括坚强的决心和顽强的意志。

创业者成功办事的过程可称为“三入”，即全身地投入、合理地切入和工作的深入。创业者每办一件事，只要真正做到了投入、切入和深入，就没有不成功的。资质优秀的创业者会做得很优秀，资质较差的创业者也能做到优秀。创业者要做到这“三入”，必须要有坚强的决心，顽强的意志和全力以赴的态度。志不强者功难成。

坚强的决心，顽强的意志，可以征服世界上任何一座巅峰，只要有一种信念，有所追求，多么恶劣的条件你都能忍受，多么严酷的环境你都能适应。

如果你认真地检查过自己，将自己的体格、学问、专长、才能和志趣做全方位的透视，有个深刻的把握，同时也找到了对口的职业，就不要犹豫彷徨、缩手缩脚，更不要费尽心机、绞尽脑汁去寻找比现在的工作更好的职业，而是应该坚定地将自己所有的精力集中到工作之上，九头牛拉不回。

只有坚定的决心，顽强的意志，才会走向成功。你只要有决心，任何人都会被你打动，会对你付以全部的信任；一个有意志的人，会处处受到别人的帮助。你如果三心二意、没有干劲和毅力，没有谁愿意信任你，肯支持你，因为大家都了解你做事不可靠，随时都会面临失败。

你也有过奋斗，有过拼搏，但最终没有成功，不是因为你能力不够、诚心不足，或者是没有对成功的热切盼望，而是缺少那种足够坚强的决心。做事的时候，总是虎头蛇尾、有始无终，做起事来也是东拼西凑、马虎敷衍、草草了事，你总是挖空心思考虑到底要做哪一种事，并认定某种职业有绝对成功的把握，但做到一半时又觉得还是另一个职业比较适合你，你时而对现状心满意足，时而又这山望着那山高，结果是两手空空。

在事业的征途上，只有充分地发掘天赋的潜能，才能找到迈向成功的通天大路，否则，你永远不会有成功的一天。你只要有一往无前的勇气和决心，无形之中就能给别人一种潜在的保证，暗示你做事负责，不久就有

成功的希望。

成功者的特征是：千磨万击还坚劲，任尔东西南北风。

成功，向来不能缺少坚定和忍耐，人们往往会信任那些意志坚定的人。我们经常会听到“那个人还在干吗”这样的问题，这等于是在说，那个人的前途还有希望吗？只要有坚定的意志力，即使是才能平凡的人也会有成功的一天，否则，即便你才识超群、能力非凡，也将尝到失败的苦果。

创业者，除了要具备坚定和忍耐之外，还应具有勇气。决心固然宝贵，但有时会因能力有限而受阻，只有借助勇气，才能过五关，斩六将，长驱直入，所向披靡。

在我们身边，一些新的年轻创业者才华横溢，也具备成就事业的能力，但他们致命的弱点是缺乏恒心，没有忍耐力，终其一生，只能从事一些平庸安稳的工作。他们往往一遭遇风雨，就马上后撤，潜伏起来，这样的人怎么可能成功呢？如果你想要获得成功，就必须为自己赢得美好的声誉，让你周围的人都知道，一件事到了你手里，就一定会做成。

还有另外一些创业者，他们过去成功过，辉煌过，有了名利之后，躺在功劳簿上睡大觉，躲在耀眼的光环里不思进取，这种没有意志力的人，同样是无法取得更大的成功的。

解放办事的思想，提升办事的品质，需要的是真正的勇气和决心。决心称得上是世间最有价值的东西，只要有决心，任何事情都能办好。

利用自己的兴趣和长处

人们常说“一招鲜，吃遍天”。这话想必永远不会过时。无论你是上九流之人还是下九流之辈，只要你对自己从事的行业有所专长，精通脊髓，那么你肯定就能“混”成此行业的一代宗师。

《庄子》一书中，记载着两个技艺超群的人。

一个是厨房伙计，一个是匠人，厨房伙计即那位宰牛的庖丁，匠人即那位楚国郢人的朋友，叫匠石（不一定就是石匠）。二人的共同之处，就是技艺超群，简直到了出神入化的境界。

先看庖丁，他为梁惠王宰杀一头牛。他那把刀似有神助，唰唰唰几下，一个庞然大物，便肉是肉、骨是骨、皮是皮地解剖得清清楚楚。他解牛时，手触、肩依、脚踏、进刀，就像是和着音乐的节拍在表演。更奇的是，庖丁的刀已用了十九年，所宰的牛已经几千头，而那刀仍像刚在磨石上磨过一样锋利。此时你看他提刀而立，悠然自得，又仔细地把刀擦净、收好。那神气，就如同优雅的西班牙斗牛士。

再看匠人，也许是木匠，也许是石匠，也许木石活儿都做。他的技艺也十分了得。郢人把白灰抹在鼻尖上，让匠人削掉。那白灰薄如蝉翼，匠人挥斧生风，削灰而不伤郢人的鼻子。

古人讲，凡是掌握了一门技艺，无论是做什么的，都可以成名。只要有一技之长，就可以自立。的确如此，过去老人总对年轻人说：“纵有家产万贯，不如薄技在身。”这是最平凡、最实在的“混”迹真理。

一个残疾青年，学会电脑打字，便办起了小小打字社，交活及时，质量又高，连一些著名作家也慕名而来让他打文稿。几个下岗大嫂，都是做饭行家，一合计，总不能老靠一点儿救济金度日，于是办起了“嫂子饺子馆”。卖的饺子薄皮大馅儿，服务热情，生意很快就兴隆起来。和他们相比，无技之人的确是最苦的。别说扬名，自立都很困难。现在的社会竞争激烈，没有真本领，很难在世上立足。

有些人瞧不起技艺，总想做大事。做大事是可以的，比如，当总经

理、从政做官、做科学家、理论家等。但是真有那份才能，也要有机遇；即使做大事，也常常离不开靠技艺做小事打基础。这个基础，包括锻炼你的实践能力、你的意志，包括对基层实际的体察。有时一技在身，也能助你成就大事。

不要小瞧这些技艺：理发、给死者整容、修表、烹饪、园艺、茶道……只要技艺精湛，在当今世界，同样大有可为，同样事业辉煌。聂卫平是围棋大师，杨小燕是桥牌皇后，侯宝林是相声泰斗，梅兰芳是京剧巨擘，乔丹是篮球巨星，皮尔·卡丹是时装大腕……

许多原被人视为“雕虫小技”的技艺，今天却有了巨大的商业和社会价值，有的甚至变成一种产业。这种情况应当被有为青年注意，在其中寻找成功的机遇。

有一只兔子，身材很修长，天生就很会“跳跃”，所以它一直有着“跳远第一名”的美誉，为此，它感到无比自豪和光荣。一天，森林里的国王宣布，要举办运动大会，以提倡全民运动。

于是，兔子就报名参加“跳远”项目。果然兔子又击败了鸡、鸭、鹅、小狗、小猪……夺得了跳远比赛的冠军。

后来，有一只老狗告诉兔子：“兔子啊，其实你的天分资质很好，体力也很棒，你只得到跳远一项金牌，实在很可惜。我觉得，只要你好好努力练习，你还可以得到更多比赛的金牌啊！”

“真的啊？你觉得我真的可以吗？”兔子似乎受宠若惊。

“没错啊，只要你好好跟我学，我可以教你跑百米、游泳、举重、跳高、推铅球、马拉松……你一定没问题啊！”老狗说。

在老狗的怂恿之下，兔子开始每天练习“跑百米”、早晚也跳下水“游泳”，游累了，又上岸，开始练“举重”；隔天，跑完百米，赶快再练“跳高”，甚至撑着竿子不断往前冲，也想在“撑竿跳”比赛中夺魁。接着，又推铅球，还跑马拉松……

第二届运动大会又来了，兔子报了很多项目，可是它跑百米、游泳、举重、跳高、推铅球、马拉松……没有一项入围，连以前最拿手的“跳远”，成绩也退步了，在初赛就被淘汰了。

有些人拥有很强的企图心和欲望，以为自己无所不能，所以想在各个方面都出人头地，成为人人欣羡的名人。于是，他们就像兔子一样，在别人的怂恿之下，即信心十足，觉得自己没问题，既可以当演员，又可以当作家；既可以是演说家，又能是主持人；既可以参选民意代表，又能参与公益活动，更能投资开公司、当老板……最后的结果往往是得不偿失，落得竹篮打水一场空的下场。

因此，请记住——专注，才是成功的秘诀！

其实，兔子能够获得“跳远第一名”的美誉，就是因为它专注于跳远这一领域，并在此领域拥有着别人无法匹敌的优势。既然如此，兔子又何必一定还要去跑百米、游泳、跳高、举重、推铅球、跑马拉松……贪心的什么都想拿第一呢？

有一个年轻人，到少林寺拜师学艺，准备练好武功之后，替父亲报仇，因为他父亲无端地被盗匪杀死了。年轻人问道：“请问师父，我要练多久才能出师？”

“大概五年吧！”师父说。

“啊，这么久啊？”年轻人急切地问：“假如我比其他弟子加倍地努力，是不是可以提早学成武功呢？”

“这样子的话。你大概需要十年！”师父说。

“什么？十年？那如果我再加倍、加倍地努力学习呢？”

“二十年吧！”师父淡淡地回答。

这时，年轻人越听越糊涂，说："师父啊，怎么我越是加倍地练习，我学成武功的时间就更加长呢？"

"因为，当你的一只眼睛一直盯着看结果时，你就只剩下一只眼睛可以专注于练习了！"师父说。

的确，人，必须两只眼睛都"专注"地、"心无旁骛"地放在学习上，而非结果上！而且，人必须了解自己"有什么""没有什么""懂什么""不懂什么"。

毕竟一个人不可能精通所有事物，因为"样样通、样样松"啊！

所以，只要我们双眼专注于自己"懂什么"的专长上，就会像原本的兔子一样，拥有获得"跳远金牌"的自豪和喜悦。

你专心吗？你执着吗？且让我们记得——必须多专心"学习专心"！

"好高骛远""注意力分散"是成功的大忌！专精于自己的领域，才是成功的保证。

我们这一生，不一定要拿"博士"学位，但一定要成为"专家"；因为，不管是从事哪个行业，只有成为顶尖的人才，才能真正地出类拔萃、出人头地！

第三堂课

商业模式：
好的商业模式比努力更重要

捕捉信息，在信息中把握机遇

今天的私营企业不仅要与国内的大企业竞争，还要面临来自国外的竞争者。如果你经营一家服装厂，你必须与来自法国、美国的产品竞争，而不仅仅只与邻近的服装厂竞争，因此你的产品要比那些拥有更多资源的大企业更有价值才行。这就迫使私营企业在短期内做出更加富有成效的工作，没有充足及时的信息是不可想象的。

我们也很难想象，一个“两耳不闻窗外事”的老板能获得什么有用的信息，做出什么正确决策来。

某市有一糕点厂，他们生产的点心口感不错，价格也很便宜，但销路却不畅。眼看着生产出来的点心一天天积压，厂长只得下令停产。后来，又过了三个月，厂长听销售科长说可能是包装存在问题，于是未经任何调查便重新上马生产点心，并换上了精美的包装。结果，没想到这次点心销路竟出奇的好，厂长心里也乐开了花。

这位厂长在决策时并没有掌握市场上任何实质性信息，而仅凭销售科长的一个可能判断，即使侥幸成功，也是“瞎猫碰上了死耗子”罢了。

信息化潮流已经到来，世界经济格局正在发生重大转变，出现了经济的全球化和一体化趋势。同时，信息化潮流也给广大私营企业带来机遇，尤其是对私营企业发展高科技十分有利，不重视信息的企业将寸步难行。

在信息化时代，私营企业在获取信息方面，其实更有着得天独厚的优势：

（1）互联网的崛起，从根本上改变了以往私营企业获得市场信息落后于大企业的状况。在互联网这个世界上最大的信息交换中心面前，私营企业同大企业获取信息的机会是平等的。

（2）高科技的日新月异，技术成果的加速商品化以及高效自动化生产手段的普及，削弱了规模经济的优势，私营企业比大企业更有可能在同等生产条件下实现低成本，迅速向潮流化、个性化发展的国际市场，使大企业难以适应，而私营企业在这方面却有着得天独厚的优势。

（3）现代信息科技将彻底改变企业经营方式及竞争形态。通过电子信息网络，规模很小的企业也可以发挥很大的力量，而且可以轻易在全球市场与大型企业竞争。事实上，信息科技产业本身也是一种脑力密集的创新导向产业，十分适合私营企业投资发展。因此，能够充分发挥信息科技优势的私营企业，必将是未来市场最具有竞争力的企业。

然而，令人遗憾的是，许多私营企业却未能充分认识和抓住这个时代的契机，尽管他们已经意识到信息的重要性，但信息的收集方法和渠道依然偏重于传统形式。

调查显示，私营企业24%的信息来源靠买方提供，17.1%的信息来源是“与同业人员交谈”，15%的信息来源是“阅读报纸杂志”，看电视听广播和委托专门的市场调查公司获取信息的比例分别为13.4%和11.4%。

市场经济环境下，企业是否具有及时获得信息的能力至关重要，因为它决定了企业决策的及时性和准确性。竞争环境日益复杂多变，私营老板若对外界变化麻木不仁，危机顷刻就可能降临。

有这样一个故事：

一只青蛙在加热的水锅里游玩，水温在20℃~30℃的时候，青蛙在水里没有任何异样的感觉，觉得很舒服。到40℃的时候它感到有点热，到50℃的时候它感觉很热，觉得还能坚持。温度上升到70℃，青蛙开始后悔自己应该早跳出去，但现在它已经浑身发软，再也没有力气跳出去了，最

后成了一锅蛙汤。

这只青蛙的命运是很悲惨的，这就是因为忽视了外界的变化，而葬送了自己的生命。经营企业也是这样，有时候由于发展得太顺利，往往就容易忽视外界环境的变化，错过了改进的时机，结果就不明不白地自生自灭。

的确，在私营企业蓬勃崛起的20世纪八九十年代，中国的市场给了人们太多的机会。因为中国的市场太贫乏，太需要物品的充实了，面对不成熟的市场，不成熟的消费者，似乎只要敢干，敢豁得出去，做什么都是财源滚滚，那是一个敛财暴富的年代。

有一位做服装生意的福建老板就是在这种情况下很快积聚起几百万元资产的。他回忆起当时的情景说："每天半夜，门外就排起了货车阵，等着装运服装，且都是现金交易。"

抓住了时代机遇的创业者们获得了迅速的成功。报表上迅速爬升的销售额和利润额足以显示其业绩骄人、经营一帆风顺，命运之神向他们绽开了微笑。很多企业开始盲目乐观，忽略了经营上的缺陷以及市场需求的变化。结果，才有了后来的大批私营企业倒闭关门的悲惨景象。

因此，在经营企业时，老板要眼观六路，耳听八方，时刻关注外界环境的变化。

标新立异，永远不做大多数

要想在激烈的竞争中获得胜利，就必须时时刻刻根据实际情况做出改变，绝不能以传统的行事规则、经营方针来一概而论。也就是说，公司在做大做强自己时，必须摆脱陈规的束缚，面对不同的情景，主动变起来。

只有自己主动变起来，才能掌握主动权。

正所谓变则通。在形形色色的商业活动中，形势的变化相当复杂，要想做到积极应变，除了要顺应时代的发展以外，还要抛弃陈规，变革自己。只有“变”才能改变目前的处境。

面对自己做不了的事情，一是用同样的方法，继续做下去；二是换一种方法，继续做下去，这是两种不同的观念。如今，创新已成为全球企业当前最重要的经营课题。在市场竞争激烈、产品生命周期短、技术突飞猛进的今天，如果依然守着旧的、传统的经营模式和管理制度，那么就只能面临被淘汰的命运。相反，如果能够变革自己存在的不合理制度等，那么即使是陷入危机的公司也能从这种处境中重新站立起来。克莱斯勒公司之所以能够继续生存到现在就是因为其当初及时的变革。

20 世纪 70 年代，因经营管理不善，克莱斯勒公司陷于绝境中。面对这种处境，公司决定将大权交到艾柯卡的手中。

执掌公司帅印后，艾柯卡为了改变公司的这种处境，进行了大量艰苦细致的调查。调查结果显示，导致公司陷于这种境况的原因并不在于技术方面，而是管理过于传统，既不科学也不合理，如纪律松弛、库存积压、人浮于事等。

针对这种情况，艾柯卡在董事会上郑重其事地说：“我们必须采取强硬的变革措施，只有变革才能生存，否则，克莱斯勒将就此消失。”

随后他便采取了大规模的改革措施。首先，他决定从裁员减薪入手，撤掉那些身居高位而毫无建树的平庸之辈。首当其冲的就是公司 33 个闲置的副总裁。其次，高层部门经理也被撤了 24 个。而员工被裁掉的数目达 29 万多。整个公司的裁员率达 50%。剩下的员工从高级职员到较低级别的职员，其薪水也被不同程度地减少。与此同时，艾柯卡宣布待公司赢利之后，重新补发削减的薪水。

经过一番大刀阔斧的裁员，就为公司节省了约6亿美元的工资开支。

除此之外，艾柯卡还大力改善库存管理、压缩库存费用。为此，他大胆引进了日本丰田汽车公司“及时进货、及时使用、快速循环”的经营方式；还采用“关、停、转、卖”几项措施，在52个工厂中，关闭、变卖16个，合并转产4个。在这种情况下，公司的产量、车型和销售量相应减少，企业规模也“消瘦”了1/3。

而在压缩运输费用方面，他采用了这样的措施：首先，他尽量使工厂和仓库布局相对集中，就近使用，这样不仅可以节省时间，还可以相对减少路程费用。其次，他把火车运输改为了汽车运输，这样，每年库存费用的开支就可以节省4.5亿美元。最后，他还倡导设计制造部门大力研究不同种车型使用相同的零部件，将公司生产的零配件从7万多种减少到4000多种，给进货、库存带来很大的方便。

经过这一系列的措施，克莱斯勒公司的年库存费用由21亿美元降至12亿美元。克莱斯勒公司也在这些变革之下走出了低谷，扭亏为赢，1982年赢利11.7亿美元，还清了13亿美元的短期债务，1983年赢利19亿美元，1984年赢利24亿美元，取得了巨大的成功。

克莱斯勒公司由低谷走向高峰正说明了传统与变革对一个公司的重要性。美国经营管理专家约翰·沃洛诺夫说：“为了使企业迈向成功之途，只维持现状是不够的，必须做大幅度的修正、改革与改良。而最重要的是‘创造’。”

的确，日益先进的科学技术正在以无法想象的速度向前发展着，其更新的能力也远远超出了人们的想象。在这种情况下，技术的更新成为公司发展必不可少的环节，但如果仅将更新的层面停留在这一点上，那么对企业的发展无异于杯水车薪。因为传统而又落后的管理制度会制约企业的发展，即使是再先进的技术也无法承担起企业运作的重担，就像一匹再优良的马，也不可能拉得动超出其能力几十倍的重担。

所以，在现代企业的管理上，也应该针对市场发展的趋势，在采用新技术的同时，不断推出新的经营方式，通过彻底清除商品生产和推销各个环节的问题，实现全面的改革。只有不断变革，才能使企业不断地发展壮大，最终走向成功。相反，即使是再庞大的企业帝国，也有可能轰然倒塌。

福特汽车公司的创始人老福特，出身于农民家庭，而正是这样的身份让他在汽车工业中脱颖而出。因为作为农民的儿子，他最了解当时美国农村的情况：地广人稀，需要农用客货两用车。那时候道路状况不好，农民的文化水平又不太高，所以，他们需要的是操作简单、坚固耐用并耐得住颠簸的汽车。结合这个特点，他生产出了操作简单、结实耐用、价格低廉的“T”形车，迎合了大多数人的需要。

很快，福特汽车占据了世界汽车市场68%的份额。在这个过程中，老福特不断创新，当时其他制造汽车厂家的工人都是每天工作10个小时，每天3美元。他却推出“8小时工作制”“每天5美元”，这表面上对公司的原始积累很不利，但是却吸收了很多熟练工人，提高了工作效率。

另外，他还发明了“生产流水线”，并创造性地提出了“科学管理”这一管理理论。当时可以用“富可敌国”来形容福特家族。但是，到20世纪20年代，美国社会进入大众化富裕时代时，老福特秉持着农民的传统认识，认为应该坚持勤俭生活，“新三年，旧三年，缝缝补补又三年”。所以，他依然在拼命地生产“T”形车，强调提高质量，降低成本。可是美国人已经不需要这种车了，因为道路已经修好，人们开始要求车子速度快、造型美观、具有个性化。

随着时代变化，消费者越来越倾向于品种多、款式新并且节能的轿车。而福特汽车公司的产品不仅颜色单调，且耗油量大、排废量大，完全

不适应日益紧张的石油供应市场和环保要求。

所以，小福特建议老福特推出豪华型轿车，被老福特拒绝了。而此时通用汽车公司和其他几家公司则紧跟市场需求，制定正确的战略规划，生产节能省耗、小型轻便的汽车，在20世纪的石油危机中，跃然居上，使福特汽车公司濒临破产。老福特这才意识到自己的判断错误，转而根据小福特的意见推出豪华型轿车，但是先机已经失去，直到今天，福特汽车也没有夺回它昔日龙头老大的宝座。

在这种情况下，老福特用血的教训总结出："不创新，就灭亡。"

福特汽车公司的失败对现代公司是一个血淋淋的教训，墨守成规旧制只能带给自己失败，如果想要做大做强自己，使自己成为本行业的龙头老大，就必须勇于改变。

著名的管理顾问詹姆斯·莫尔斯说："可持续竞争的唯一优势来自于超越竞争对手的创新能力。"对一个企业来说，强大的核心竞争力是其生存和发展的保证，而创新又是保持核心竞争力始终处于优势地位的保证，决定企业能否做大做强的关键正在于此。

找最适合自己的而不是最赚钱的

在现今竞争激烈、变化速度加快的社会环境中，有许多的事看起来很容易获得成功，并且在我们的身边有许多的人好像在做那些事情的时候并没有付出多大的努力就获得了成功。太过于急于求成就是让我们在奔跑中迷失自我，迷失方向，难以获得成功的一个主要原因。从下面所讲述的事例中，我们就能很好地了解到这一点，并且知道急于求成对我们在现今的时代获得成功所带来的负面影响。

张亮从学校毕业后在一家文化公司找到了一份工作。他所在的这家文化公司主要的业务是为企业做培训。张亮的主要工作就是联系一些有意向要进行培训的企业。张亮是一个很聪明的年轻人，或许是因为运气好的缘故，虽然这是他所做的第一份工作，但是业绩却相当不错。

一来二去，张亮对自己的工作流程以及公司的操作运营模式有了一定的了解。他觉得这很简单，就是找一个讲师，再给一些人打电话或者发E－mail联系他们来听课就可以了。他觉得自己完全有能力开这样一家公司，并且会做得比现在所在的公司还要好。

张亮是这么想的，也是这么做的。他辞去了工作，开始了创业，首先注册开了一家类似以前工作过的公司那种类型的公司。

他的行动能力很强，在设计了几个课程并且寻找到了讲师后就开始招生了。

俗话说得好，“看花容易绣花难”。当张亮在着手进行招生工作的时候，便发现事情并非像他所想象的那般简单。他和他所雇请来的人都遇到一个相同的问题，那就是在他们刚刚想向对方传递出自己公司所开设的课程信息时，对方在开始的时候还有些兴趣，但听到他们公司的名字之后就婉言拒绝了。

这使得张亮十分的着急，因为他开公司的资金大部分是借来的，再者所借的也不多，如果不能找到生源的话，他有可能使得新开的公司就此关门。

从那时开始，他每天都在想着怎样才能使得自己从这种困境中解脱出来。他向一些人询问意见。他的人缘还真的不错，有许多的人热心地给他提了一些建议。他觉得那些建议都还不错，在面对这些建议时，他又不知道自己该选择哪个了。

在犹豫了一段时间之后，看着眼前的情景，感到压力越来越大的他，

也没有做过多的考虑，便试着按着他人所说的一些建议去做。他几乎按着所有的建议去做了，而最后还是没有能够挽救他所开的那家公司的命运。因为他在众多的建议中迷失了自己的方向，以至于自己不知道该做什么不该做什么了。

在现实生活中类似张亮的人不在少数，他们强烈地渴望获得成功，然而恰恰是因为他们对成功的渴望太过于急切，以至于他们在看待他人所取得的成绩时，所看到的只是一种表面现象，因此，他们觉得很简单，自己也完全有能力做好它。可是，当他们真的操作起来之后，才发觉完完全全不是像自己所想象的那般简单。在这个时候，他们就有些骑虎难下了。他们想从这种困境中解脱出来的心情便更为强烈。俗话说得好：疾病乱投医。他们便会去寻找各种各样的方法和策略，当然，他们希望这些策略和方法会令他们在短时间内解决问题。可是，在这个世界上真的有一吃下去就立刻见效的灵药吗？

他们热切地渴望改变自我的困境，但却难以耐得下心去做。当他们按着这些方法和策略做了一段时间并没有达到自己所想要的目的之时，又会去尝试着用另一种方法和策略。当然，这个新的方法和策略在短时间内没取得好的效果之后，他们又会寻找和按着其他的一些新的方法和策略去做。

他们就这样在不停的尝试、不停的努力（并非全心付出的努力）的怪圈中，最后的结果就是让自我迷失在这些方法和策略之中，找不到自我，使得自己所做的一切离自己预先所确立的目标越来越远。

从上面的事例与分析中，我们已经明显地感知到，在现今的环境中，我们要想获得成功，并不取决于我们对成功的渴望有多么强烈，而是要求我们在通往成功的路程之时，是否能够让自我放慢一点速度，真正的寻找到自我的目标，并且制订出切实可行的执行计划，以及先看看自己是否有能力把事情做好。否则的话，就可能会因此而迷失自我，不仅仅与成功无缘，反而还会令自我陷入人生的发展困境之中。

是不是有什么方法能让我们更容易获得成功呢？在我们的心里大抵会有着类似的想法，特别是在竞争激烈的时代背景中，我们的这一想法便变得更为强烈。因为在今天，我们要想获得成功，就必须做得比竞争对手更快更好。

一点不错。我们只有做得比竞争对手更快更好才能获得成功，但是怎样才做得更快更好呢？这就要求我们脚踏实地，认认真真地去做好自己应该做的事。可是，在竞争激烈的背景中，我们好像对此有所忽略，总是希望能够找到一个便捷的方法。这种便捷的方法或许有，但是在很多的时候，就是因为我们拥有了这种心理，而让我们在通往成功的道路上自我迷失了。

因为当我们拥有了这种心理之后便会难以脚踏实地地去做好应该做的事，总是带着一种侥幸之心，认为自己在寻找到好的方法和策略之后，就用不着做过多的努力就能获得成功。与此同时，我们的目标也是不确定的，就像一只航行在海面的船并没有明确的方向，而是等待着风的来临，它虽然在航行，但是风往哪儿去它就漂向什么方向。试想一下，如果我们的人生像这样，又怎么能不迷失，又怎么能获得真正意义上的成功。

在现实中类似这样的事例不在少数，康明就是其中最具有代表性的一位，现在就让我们一同来看看发生在他身上的事情。

今年32岁的康明是在8年前来到北京的，现在的他还没有一个固定的工作，还在忙着找工作，而跟他同时到北京的人有一部分已经有了属于自己的公司，有一部分人虽说没有自我创业，但是在所在的单位也是不可或缺的重要人物。

究竟是什么让康明和他们之间存在着这么大的距离呢？是康明自身所

拥有的能力所决定的吗？并非如此，如果单纯从能力方面来说，康明还要比他们优秀。他之所以会变成这样，拿一些了解他的人的话来说，就是康明太聪明了。

确实，康明是挺聪明的。在做对别人来说有点难度的事，他都能做好，并且在谈论一些事情的时候，他还会谈到一些人们所忽略的问题，往往这些问题却对事情的成败起着关键性的作用。

可惜的是，或许是他真的太聪明了。太聪明的人在很多时候会犯一个同样的毛病，就是因为自己太过于聪明，变得难以脚踏实地去做事，总是希望能够寻找到一条用不着费多大力气就能获得成功的捷径。

康明就是这样，在做什么事的时候都难以全心全意地投入，老是在琢磨着怎样才能快速、便捷的获得成功。在这段时间内，他确确实实地发现到了一些可以实现自己这一目的的途径，可惜的是，在尝试着做了一段时间之后，他发现那些并不是最好的方法。

于是，他不停地寻找着，在肯定之后接着否定，慢慢地就形成了一种习惯。直到现在，都不知道自己所想要的是什么，还在为了生存奔波着。

在奔跑中迷失，在不断地寻找中却不知道自己所寻找的是什么。这就是现实中许许多多的像是上面叙述的康明一样有着一定的能力，并且很聪明的人却难以获得更好的生存与发展的原因所在。

从小处着手，小商品同样能做成大生意

一串漂亮的项链是由一颗颗美丽的珍珠串成的，项链之所以漂亮是因为珍珠也很美丽。做人做事也是如此，我们要想令自己的人生就像珍珠项链一样美丽，就必须做到慢上半拍，学会从大处着眼，小处着手。

20世纪末，周道杰在蓬安县杨家镇乡敬老院工作的时候，因为时常闲得没事做，就去给在镇农贸市场上拉面的一个叫周天脚的人打下手，开始接触学习拉面。年过花甲的周天脚做的是小本买卖，从来没指望依靠拉面发大财。周道杰当时也没有什么想法，帮着周天脚做拉面，只是为了打发时间。

有一次，杨家镇一位在城里工作的干部，回家乡时吃到了周道杰和周天脚做的拉面，觉得味道很不错。临走时，特意叫人买了几十斤带回城里，送给了一些熟人和朋友。谁也没想到，几天后，吃了拉面的朋友都说很不错，纷纷要他再代买点这种拉面。这位干部只得给家乡做拉面的周道杰和周天脚打电话，叫他们多做些。可这时，60多岁的周天脚因病却再也做不动拉面了，周道杰没有办法，只好独自一个人扛起了给城里人做拉面的“重任”。

自从接到城里那位干部要拉面的电话后，颇有点生意头脑的周道杰就在不停地想。他顺手多做了几千克，利用进城给那位干部送拉面的机会，心想到城里卖卖试试，看看城里人的反应。出乎意料的是，几千克手工拉面不到半个小时就销完了，而且每千克价格竟然卖到了5元。

“机器面吃腻了，城里人想吃手工面呢，我们来办一个手工拉面加工厂如何?”回到家里，周道杰说出了自己的想法，可家里人对此不置可否，劝他不要自讨苦吃。虽然面对来自许多的反对意见，但倔强的周道杰还是把拉面厂办起来了，并到工商部门注册了“杨柳”牌商标。

2001年年初，城里人陡然掀起一股“营养热”，吃什么都要“讲营养”，被视为“没有营养价值的米粉”一时变得乏人问津。周道杰得知消息后，马上联想到自己的拉面。他一刻也不敢耽误，立即着手进行增加拉面营养价值的试验。为了让拉面的味道更加鲜美可口，周道杰经过不断试验，逐渐掌握了往拉面里添加多种天然佐料的配方。经过周道杰精心调

制，他生产的拉面只要放到沸腾的清水里煮熟，不需要添加任何佐料就能美味可口。

为使自己生产的“营养面条”更有影响力，周道杰还主动找有关部门鉴定，结论是：“杨柳”牌手工营养面面质细腻，条细如丝，中有微孔，回锅如新；拌有蛋清、胡椒、菜油等天然佐料，具有健脾和胃之功效，常年食用可延年益寿。拿到了鉴定证书，周道杰就像拿到了尚方宝剑，而消费者对他的面条更加信任了。

周道杰的手工营养面前后有12道工序，制作程序相当复杂。尽管周道杰和他的工人做得很辛苦，但拉面的产量却极其有限，每天最多只能做个300来斤。面对产量一时难以提高的局面，周道杰心想要想赚钱，只好在价格上面做文章了。

当地市场拉面一般都是2元左右一千克，尽管周道杰的拉面味道好，名气大，在当地有口皆碑，但是提高价钱后，既然是做礼品，那么礼品就一定要有一个像样的包装。如果每千克拉面能卖到10元钱，那么就会有2元左右的纯利润，比他原来在乡镇卖拉面利润翻了数倍。他已经做过市场调查，相信每千克拉面10元钱的价位城里人完全能够接受。

从此，“杨柳”牌手工营养面全都换用了精致的礼盒包装，每盒重量是1千克，定价10元。尽管周道杰带着他的工人每天辛苦地做面，但他们的手工营养礼品面仍旧供不应求。以至于后来杨家镇当地的干部、教师都觉得稀奇了：想买点周道杰的面尝尝竟然还要走后门、排队。与此同时，周道杰有句话也已经说顺了嘴：“现在没货，你要得提前一周预订！”——周道杰从此结束了为拉面四处找买主的生活，现在谁要货，都只能自己到他的拉面厂去拿，而且还得提前预订，不预订的话，十有八九会拿不到货。

如果不会在细节上下工夫，成功永远只是你的奢望而已。而要在细节上下工夫，就必须做到“慢半拍”。现在，就让我们再来看一个事例。

有一个人收入不高，但很会赚钱，一次他用100元钱买了50双拖鞋，再拿到地摊上，每双卖3元钱，一共卖得150元，他的100元钱就为他生出50元钱。

另一个人很穷，每个月都要从社会福利局领取100元的生活补贴，他却全部用来买大米和油盐。

同样是100元，前一个100元通过经营增值了，成为资本；后一个100元在价值上没有任何改变，只不过是一笔生活费用——穷人的可悲就在于他的钱很难由生活费用变成资本。

那么，如果我们换一种方式呢？第一个月给穷人200元，让他可以用余下的100元去做卖拖鞋的生意，一个月下来就有150元；下个月还是给他200元，他就可以用250元来买卖拖鞋，又可赚125元；到第三个月，这个穷人手里已经有了375元，除去100元生活费，还有275元资本金，这时就不用再给他任何救济了……一年以后，他就可以成为一个富人胚子。

拖鞋的生意也不是那么好做的，但从理论上讲，脱贫还是很有希望的。可实际上，很多人不会这样循序渐进。当他只有100元时，他会去买米；可是当他有了200元的时候，他就会去买酒买肉；到他拥有500元时，他开始想买一件好点的衣服，最后只剩下10元也要买几注彩票。哪怕是一下子有了一百万元，他也想立刻把钱变成房子、车子……

上面的事例告诉我们，想要成功就必须让自我慢上半拍，给自我一定的时间学会从每个环节开始对自己进行认真管理，把每一个细微之处都高标准、严要求的规划好。

好创意：如何为自己的事业谋创意

创业有没有捷径可走？一般而言，人们会否认，因为走捷径似乎代表着不切实际，代表着一种投机，而投机是很难长久的。然而不可否认的是，有些创业者的确比别人成功得快些和轻松些，他们似乎找到了通往成功之路的捷径，其实这种捷径是思人所未思，见人所未见的创新能力。然而令人遗憾的是，大多数人总是习惯于自觉不自觉地沿着以往熟悉的方向和路径去思考和做事，而不愿意去另辟新路，生怕新开辟的路上会存在什么危险。但是，经验虽然是我们的宝贵财富，却往往也束缚了我们的思维，成为了我们头脑中的无形枷锁。

一味地墨守成规，循规蹈矩，只能让我们裹足不前。要想有所发展，有所成就，就必须能创新并勇于创新，敢于打破一切常规。曾经在国外医学界有过这样一则报道：有一个年轻人遇到了一位心搏骤停的病人，他为了帮助病人恢复心跳，于是便自作主张地用水果刀剖开病人腹部，掰断两根肋骨，直接用手挤压他的心脏，正因此病人获得了重生。

可以试想，如果这位年轻人拘泥于经验，他就不会自作主张为病人急救；如果他像受到过正规训练的医生那样思考，就会顾虑使用水果刀会不会引发感染，也不会用手去掰断病人的肋骨，更不会直接去挤压病人的心脏。但是在当时那种情况下，年轻人的做法显然就是最好的，正是他的不畏常规让他挽救了一条生命。

但是，很多二十几岁的人做事时经常会被某种思维定式所僵化，固执地认为这样做是好的，而那样做就是不好的。可是在如今这个高速变化的社会，没有什么是一成不变的，如果你不能用发展的、创新的眼光去看待问题，你就会面临被淘汰的境遇。

有一家知名企业招聘销售部经理，由于公司知名度较高，广告打出来后，报名者云集。

人力资源经理对应聘者们说：“为了能选拔出最有才华的营销高手，我们为各位出一道实践性的题目：如何把木梳卖给和尚，而且卖得越多越好。”并以七日为限，届时择优录用。

转眼七日期到了，大多数应聘者认为这是用人单位在拿他们开涮：和尚本无发，怎会买梳子？于是都没试，当然也没来。令人力资源经理欣慰的是，在几百名应聘者中毕竟还来了三个。

人力资源经理问第一位：“你卖了几把？”

答：“一把。”

“怎么卖出去的？”

“我拿着木梳到各个寺庙去推销，可每到一处，都无一例外地受到了和尚们的责骂和追打，正当我心灰意懒之际，却碰巧在下山途中遇到一个小和尚。这个懒和尚躺在一块山石上一边晒太阳一边用手使劲地挠他那又脏又厚的头皮。我灵机一动，就递过梳子借他一用。嘿，还别说！小和尚用后果然满心欢喜，于是我就卖了他一把。”

人力资源经理问第二位：“你卖出多少把？”

答：“我卖了十把。”

“你又是如何卖的呢？”

“我去了一座名山古寺，那里由于山高风大，进香者的头发都被吹乱了。我找到了寺院的住持，对他说：‘蓬头垢面是对佛的不敬，要是能在香案前放把木梳，供香客们使用就好了。’住持采纳了我的建议。因为那里共有十座庙，所以我就顺利地卖出了十把木梳。”

人力资源经理问第三位：“你呢？”

答：“一千把。”

经理吃惊地瞪大了眼睛："怎么卖的？"

"我去了一个颇有名气的深山宝刹，那里朝圣者云集。我找到住持对他说：'凡来贵刹进香朝拜者，多有一颗虔诚之心，宝刹应有所回赠才是。现在市场上正流行用木梳梳头，您书法功力深厚，独树一帜，如果在木梳上刻上您亲笔书写的'积善梳'三字作为回赠，必定会大受香客们的欢迎。'住持闻听此言，喜极道：'我怎么没想到呢！'于是爽快地买下一千把梳子，又留我在寺中小住几日，并作为特邀嘉宾出席了向香客们赠送'积善梳'的仪式。得到梳子的香客们都惊喜异常，于是一传十，十传百，朝拜者更多了，香火也更旺了。这还不算完，好戏还在后头。住持希望我能再多卖一些不同档次和款式的木梳给他，以便分别赠送给各种喜好的施主与香客。"

把木梳卖给和尚，听起来真有些匪夷所思，但不同的思维，不同的推销术，却有不同的结果，这主要看你能不能打破那些束缚我们思维的枷锁，在别人认为不可能的地方开发出新的市场来，那才是真正的营销高手。

所以，无论做什么事，你都要能够打破那些束缚我们思维的枷锁，为创新思维冲出一片不一样的天空，敢于打破一切不合理的常规，敢于改变任何不适宜的东西，敢于向新的高度挑战。因为，墨守成规是不会给你带来任何收获的。

最成功的创业是创立模式

一个人的面前有两条路或多条路，选择走什么样的路，就会带来什么样的结果，导致什么样的命运。选择做什么工作，就是选择自己成为什么人。人生在世，总是选择决定命运。无论何时何地，个人的命运走向都与选择有关，都是个人选择的必然结果。比如说，你选择了积极上进，就会不断地努力，不断地提高自己，所达到的境界也会随之水涨船高；你选择了不求进取，就不必付出辛劳，你的日子就会过得相当轻松，当然是以在原地踏步为代价。

在人生之路上，每个人的选择不一样，收获也就不一样。如果你认为创业之路一帆风顺，那么很可能禁不住风浪的打击；如果你认为财富之路并不平坦，那说明你已经为成为一个富人做好了准备。

在一份不错的稳定工作和摆摊擦鞋之间，你会怎么选择？估计大多数人都会选择前者，然而对于富人来说，如果不能做自己的事业，那么人生毫无意义。如果能走自己的路，哪怕是摆地摊，也是充实的、快乐的。

大学生罗福欢就是这样的人。他放弃了稳定的工作，毅然辞职创业，在亲人的不理解和他人的白眼中，掘到了自己的第一桶金。只要肯做，摆地摊擦鞋也可以发达。

1997年年初，罗福欢从四川师范大学毕业，到一家工厂当了一名普通工人，一天到晚无所事事，每月500元工资。罗福欢不甘心这么浑浑噩噩一辈子，他想改变这种生活，自己当老板。

经过一段时间的调查，罗福欢发现擦鞋是个好路子。如今人们生活好了，鞋也越来越讲究了，好鞋不敢交给一般的擦鞋人员来擦，自己擦鞋又没有太多时间和经验，这是一个很有潜力的市场。而且，自己从小就喜欢给家人擦鞋，对鞋也有一定的了解。经过3个月的调查和考虑，罗福欢毅然地辞去工作，擦鞋去了。1998年3月，罗福欢的擦鞋地摊就在寸土寸金的太升南路开张了。

不论是买东西还是接受服务，人们首先关心的是价格问题。罗福欢擦鞋的价格很有特点："5块钱擦一次。"放眼整个成都市，敢喊这个价格擦鞋的就只有他一人了。不但价格高，罗福欢还挑客人——便宜的不擦，不

是高档鞋不擦。

第一天练摊儿下来，罗福欢收入85元钱，赢得开门红。通过实际的操作，罗福欢知道自己“贵族化”的擦鞋路线是可行的，是有利可图的。

罗福欢工作的一丝不苟和专业为他赢得了口碑，很多客人很放心地将鞋子交给他。为了让客人感到在他这儿擦鞋有保障，罗福欢花了几千元做了一些精美的贵宾卡，在上面写了自己的地址和联系方式等，给客人吃了定心丸，而且对持卡者实行八折优惠。这一招果然很有效，短短一个月时间，200张卡片全部卖空，共收入三万多元。现在，很多老板都成了罗福欢的老客户，定期把家里的高档鞋送来让他擦。

小小的擦鞋摊子给罗福欢带来了丰厚的收入。2003年4月，他用擦鞋挣来的钱在太升南路买了两家通信铺面交给妻子打理，自己依然醉心于擦鞋事业，他的目标是开自己的星级擦鞋连锁店。2004年1月1日，他的梦想成真了，四川第一家大学生星级擦鞋连锁店正式开张。

在目前就业形势严峻，众多大学生感叹工作难、就业难的时候，罗福欢无疑给大学生们提供了一个极佳的范例。成功莫问出处，奇迹自在人为，机会只垂青那些有头脑、肯吃苦的人们。中国有句俗话：女怕嫁错郎，男怕入错行！在赚钱创富的道路上，有两点很重要：选择和努力！哪一个更重要？答案是两个都重要，只是一先一后而已。首先一定要在选择上下工夫，有经验的生意人都会认同这个道理。只是有很多很多的人，当明白这个道理的时候，已经付出了沉重的代价。

上天是公平的，它给人的机会是均等的。那些珍惜机会、勇于选择并奋发向上的人绝不会穷困，因为他的选择和努力会让他获得巨大的回报。每一个人创业时，自己的实力、自己的资金、自己的人力资源都是很单薄的。所有成功的创业者都是根据自己的能力，选择最合适的创业模式，整合有用的资源，把握住发展机遇，不断发展壮大。

每3个月回顾一次自己的目标和商业计划

你或许听过下面这个故事：

有四只要好的毛毛虫，各自去森林里找苹果吃。

第一只毛毛虫跋山涉水，终于来到一棵苹果树下。它根本就不知道这是一棵苹果树，也不知树上长满了红红的可口的苹果，当它看到其他的毛毛虫往上爬时，稀里糊涂地就跟着往上爬。没有目的，不知终点，更不知自己到底想要哪一种苹果，也没想过怎样去摘取苹果。它的最后结局呢？也许会找到一颗大苹果，幸福地生活着；也可能在树叶中迷了路，过着悲惨的生活。

第二只毛毛虫也爬到了苹果树下。它知道这是一棵苹果树，也确定它的目标就是找到一颗大苹果。问题是它并不知道大苹果会长在什么地方？它想：大苹果应该长在大枝叶上吧！于是它就慢慢地往上爬，遇到分枝的时候，就选择较粗的树枝。它就按这个标准一直往上爬，最后终于找到了一颗大苹果，这只毛毛虫高兴地扑上去想大吃一顿，但是放眼一看，却发现这颗大苹果是全树上最小的一个，上面还有许多更大的苹果。更令它泄气的是，要是它上一次选择另外一个分枝，它就能得到一个大得多的苹果。

第三只毛毛虫也到了一棵苹果树下。这只毛毛虫知道自己想要的就是大苹果，并且研制了一副望远镜。还没有开始爬，它就先利用望远镜搜寻了一番，找到了一个很大的苹果。同时，它发现当从下往上找路时，会遇到很多分枝，有各种不同的爬法；但若从上往下，却只有一种爬法。它很细心地从苹果的位置，由上往下反推至目前所处的位置，记下这条路径。

在做完这一切后，它才开始行动，当遇到分枝时，它一点也不慌张，因为它知道该往哪条路走。这只毛毛虫应该会有一个很好的结局，因为它有自己的计划。但是真实的情况是，毛毛虫的爬行相当缓慢，当它抵达时，苹果不是被别的虫捷足先登，就是已熟透而烂掉了。

第四只毛毛虫可不是一只普通的虫，做事有自己的规划。它知道自己要什么苹果，也知道苹果将怎么长大，还明白自己的脚力。因此当它带着望远镜观察苹果时，它的目标并不是一颗大苹果，而是一朵含苞待放的苹果花。它计算着自己的行程，估计当它到达的时候，这朵花正好长成一个成熟的大苹果。结果它如愿以偿，得到了一个又大又甜的苹果，从此过着幸福快乐的日子。

看完上面的四只毛毛虫的故事，哪只毛毛虫更成功就不用多说了，那它为什么会获得成功呢？原因很简单：首先，它明白自己的目标是“大苹果”；其次，它对自己的行程有过深入的分析，对苹果的生长过程也有过深入的了解；最后，它对自己的脚力有清醒的认识，所以把得到“大苹果”的目标改定在了“苹果花”上。

上面所说的四只毛毛虫与苹果的故事告诉我们：在建设团队时，并不是只要拥有目标就一定能得到较好的发展，作为创业者，要想获得成功，不仅要有明确的目标，并且还要学会回顾自我的目标和商机计划，进行全面而客观的评估，因为只有如此，我们才能够确保目标的正确性，确保计划得到有效实施。那么怎么做呢？具体可以从以下几个方面着手。

1. 注重团队的外部环境

任何事情的发展都离不开环境，环境是事物存在的基础，也是事物发展的基础。对于团队来说，也是一样。在制定目标时，团队的领导或管理者只有对外部环境和形势有着充分的认识后，才能把握现实的方向，从而趋利避害、扬长避短，制定出可以实现的目标。

在"9·11"事件、"非典"事件以及中国政府宣布取消纸制品出口退税等不利因素的影响下，众多以依赖出口维持运营的造纸企业举步维艰。ABC公司作为亚洲造纸行业的领跑者，开始实施常见的成本控制等措施，但由于种种原因导致其中国的很多项目搁浅，大大影响了中国团队的士气，让ABC公司陷入难以突破的发展瓶颈。

2003年年底，临危受命的ABC公司中国区副总裁正式走马上任，他精心考察和分析了国内外形势及发展趋向，与中国客户作了近距离的沟通，了解了客户的实际需求后，及时转变思想观念，调整运营方式，迅速制定了中国区2004年的目标。并且在这一目标的指引下，不但改变了被动的局势，还推动了公司的发展，使公司在同行业中脱颖而出。

从上述的案例中，我们可以得到这样一个答案：那就是在制定目标时，团队的领导或管理者一定要对团队的外部环境有着较为清晰的认知，否则，就难以制定出真正适合自己的目标。

2. 团队自身分析

团队自身分析就是分析团队的性质、特点以及自身的需求。在制订团队目标时，一定要了解清楚这些方面的情况，并充分认识到自身的优势和劣势。否则的话，难以制定出合适的目标。

田婴，是齐国宰相，因齐宣王不喜欢他，就有门客向田婴建议，让他在自己的封地——薛地筑城，发展私家势力，以备不测。人们纷纷表示赞同。但是田婴却不予理睬，下令任何人也不得劝谏。许多人百思不得其解。田婴只说了三个字"海大鱼"。

门客说："您这话外有话。"

田婴说："你们不知道海里的大鱼吗？渔网捞不住它，鱼钩也钩不住

它，可一旦被冲荡出水面，则成了蚂蚁的口中之食。齐国对我来说，就像水对鱼一样。我在齐国，如同鱼在水中，有整个齐国庇护着我，为什么还要到薛地去筑城？如果失去了齐国，就是把城筑到天上去，也没有用。”

门客听罢，深以为然，说：“说得太好了。”

田婴就很善于自我剖析，知道自己的长处是经营整个齐国，只要将齐国掌握在自己手中，就是不喜欢他的齐宣王也不能把他怎么样。反之，到了薛地，地小人少，无法施展拳脚，便处在任人宰割的地步。俗语说：“龙游浅水遭虾戏，离群凤凰不如鸡。”就是这个道理。

田婴的故事更进一步说明了，要为团队制定出切实可行的目标，团队的领导管理者就必须了解团队的性质，分析团队的缺失，把握团队的特点。

3. 知道什么样的团队才是成功的团队

除了对团队的外部环境和内部进行分析，并将其有机结合外，团队还需确定自我成功的标准，即怎样才是实现了团队的成功。至此，才算完成了对团队的整体评估。

通常说来，一个团队是否成功，可以通过以下几条标准来进行衡量：

（1）团队是否具有完成工作的能力。

（2）团队领导与成员、成员与成员之间有无有效交流。

（3）团队的主要业绩指标是否达到。

第四堂课

团队组建：创业路上不能孤军奋战

创业初期团队比模式更重要

石油大王保罗·盖蒂曾经说过：一个人永远不要花 100% 的力量，而要靠 100 个人花每个人 1% 的力量。意思就是说：要学会借用团队的力量，而不能靠单打独斗。

现实中总会有那么一些人，自以为实力强盛，便以为凭借个人的能力，完全可以搞定一切，连创业者的意见也置若罔闻。殊不知，这种心态是最不可取的，简直就是不自量力，因为任何事都不可能仅仅靠自己就能做成。

动物中相信团队力量的不只有狒狒，还有蚂蚁、狼等，它们虽是低等动物，但无一不在教育人类——孤掌难鸣，携手才有力量。它们用团队精神，创造了一个个神话。

蚂蚁是地球上最古老的物种之一，和恐龙几乎是同一个时代的。人类曾在有 1 亿多年历史的琥珀中发现过它们。但是，统治地球 1.6 亿年的恐龙灭绝了，小得可怜的蚂蚁却奇迹般地存活了下来。这是为什么呢？下面的例子可以给出解答。

在洪水肆虐的时候，聚在堤坝上的人们凝望着凶猛的波涛。突然，有人惊呼："看，那是什么？"一个像人头的黑点顺着波浪漂了过来，大家正准备再靠近时营救。

"那是蚁球。"一位老者说，"蚂蚁这东西，很有灵性。有一年发大水，我也见过一个蚁球，有篮球那么大。洪水到来时，蚂蚁迅速抱成团，随波漂流。蚁球外层的蚂蚁，有些会被波浪打落水中。但只要蚁球靠岸，或能碰到一个大的漂流物，蚂蚁就得救了。"不长时间，蚁球靠岸了，蚁群像靠岸登陆艇上的战士，一层一层地打开，迅速而井然地一排排冲上堤岸。岸边的水中留下了一团不小的蚁球。那是蚁球里层的英勇牺牲者。它们再也爬不上岸了，但它们的尸体仍紧紧地抱在一起，那么平静，那么悲壮。

再来看看狼和乌鸦携手捕猎的故事。

狼族不仅彼此合作，也会与其他动物和谐地共同合作。与其他动物的合作，通常是为了达成彼此的各自所需。

狼族与大乌鸦之间的合作，就是其中的一个例子。大乌鸦是极优秀的高空搜索者，当它发现受伤或死亡的猎物时，它会担任通知大乌鸦群与狼群的信差，并带领彼此的族群到达该处。此时，野狼强壮的爪子可以为大乌鸦撕开猎物的躯体，为彼此提供充足的食物，以应付危机四伏的原野生活。

狼族为大乌鸦扮演着剖开猎物的刺刀角色，大乌鸦则为狼族扮演着清理食物残渣的角色。它们不仅共同生存在自然界里，而且似乎合作愉快。这种合作关系，让它们双方在适者生存的竞争与效率的考验中，千百年来持续领先其他动物。

动物尚且如此重视团队合作，又何况作为高等动物的人呢？

亚里士多德说过："人类是天生社会性的动物。"一个人的力量是很有限的，很难突破时空、环境的障碍。唯有融入社会，发挥团队的力量才能做得成事情，而客观的环境障碍就再也不成为问题。

芝加哥公牛队是篮球史上最伟大的一支球队。1998 年 7 月，它在职业篮球总决赛中战胜爵士队后，已取得第二个三连冠的骄人成绩。但公牛队的征战并非所向披靡，而是时刻遇到强有力的阻击，有时胜得如履薄冰。决战的对手常在战前仔细研究公牛队的技术特点，然后制订出一系列对付

它的办法。办法之一，就是让迈克尔·乔丹得分超过40。

这听起来挺滑稽，但研究者言之有理：乔丹发挥不好，公牛队赢不了球；乔丹正常发挥，公牛队胜率最高；乔丹过于突出，公牛队的胜率反而下降。因为乔丹得分太多，则意味着其他队员的作用下降。公牛队的成功有赖于乔丹，更有赖于乔丹与其他队员的协作。

一个人的能力再强，也是有限的，独行侠的时代早已结束。大凡成就丰功伟绩的人都懂得团队的巨大力量。正所谓：众人之智可以测天。只有懂得优势互补、携手奋斗的人才能在竞争中取得胜利。

醉心戏剧的某人，不顾亲朋的反对，毅然选择一处并不热闹的地区，兴建了一所超水准的剧场。

奇迹出现了，剧场开幕之后，附近的餐馆一家接一家地开设，百货商店和咖啡厅也纷纷跟进。

没有几年，那个地区竟然发展得非常繁荣，剧场的卖座更是鼎盛。“看看我们的邻居，一小块地，盖栋楼就能出租那么多钱，而你用这么大的地，却只有一点剧场收入，岂不是太吃亏了吗？”那人的妻子对丈夫抱怨。“我们何不将剧场改建为商业大厦，也做餐饮百货，分租出去，单单租金就比剧场的收入多几倍！”

某人想想确实如此，就草草结束剧场，贷得巨款，改建商业大楼。怎料楼还没有竣工，邻近的餐饮百货店纷纷迁走，房价下跌，往日的繁华又不见了。更可怕的是，当他与邻居相遇时，人们不但不像以前那样对他热情奉承，反而露出敌视的目光。

某人终于想通了，是他的剧场为附近带来繁荣，也是繁荣改变了他的价值观，更由于他的改变又使当地失去了繁华。

这样的例子太多太多了，再看看下面这个更直观的。

一次，联想运动队和惠普运动队做攀岩比赛。惠普队强调的是齐心协力，注意安全，共同完成任务。联想队在一旁，没有做太多的士气鼓动，而是一直在合计着什么。比赛开始了，惠普队在全过程中几处碰到险情，尽管大家齐心协力，排除险情，完成了任务，但因时间拉长最后输给了联想队。那么联想队在比赛前合计着什么呢？原来他们把队员个人的优势和劣势进行了精心的组合：第一个是动作机灵的小个子队员，第二个是一位高个子队员，女士和身体庞大的队员放在中间，殿后的当然是具有独立攀岩实力的队员。于是，他们几乎没有险情地迅速地完成了任务。

千万不要迷信“单打独斗”的力量，这种心态只会害人害己。要想做成更多的事，做成更大的事，只有依靠团队，依靠众多人的合力才能实现。

比尔·盖茨曾说：我之所以成功是因为有更多的成功人士在为我工作。牛顿也承认其之所以看得比别人远，是因为他站在巨人的肩膀上。这些成功的人从来不认为自己的成功是靠“单打独斗”得来的。

关注娱乐圈的人都知道，每一个当红明星的背后往往都有一个实力雄厚的大公司支持。电影明星离不开制作团队，也离不开摄影组和众多演员的合作，歌星得有作词、作曲的人，得有人为他出唱片，并不是张张嘴就声名鹊起了，还得有人为他们炒作、为他们宣传，这样他们才会成为社会关注的焦点。

我们再来看看下边这个反面的例子。

诸葛亮被誉为智慧的化身。三国时期，他作为一国丞相，军国要事，本应授权分理，各司其职，但他凡事事必躬亲。据说，军中账务之类的事情，诸葛亮都要亲自核对。其“鞠躬尽瘁，死而后已”的精神虽然可嘉，

但一个人的时间和精力总是有限的，事务过多难免累坏身体，影响健康。当司马懿打听到诸葛亮吃得很少，事务特别多时，就料到诸葛亮活不了多长时间。果然，诸葛亮仅活了54岁就“出师未捷身先死”了。

很多人会问，诸葛亮是千百年来智慧的化身，甚至被西方传教士吸纳为上帝的大儿子，列在耶稣之上，怎么会成为反面例子呢？试想，如果诸葛亮合理分配手中的权力，依靠集体的智慧和团队的力量，又怎么会出师未捷身先死，导致刘备白帝城托孤成空，阿斗将伟业毁于一旦？聪明如诸葛，尚且不能依靠个人力量成功，何况是平凡的我们呢？

俗话说“三个臭皮匠，顶个诸葛亮”，俗话还说“三人成虫”。前者说的是合作的力量，那为什么会有“三人成虫”呢？是因为虽然有了合作，但并没有发挥出集体的力量，三个人的合力反而小于了一个人的。为什么会这样呢？因为他们并没有领悟团队精神。那么究竟什么是团队精神呢？是为了团队成员的共同目标，和谐相处，共同努力，自觉地担负责任并愿意为此而牺牲奉献的精神。团队精神的最高境界又是什么呢？是全体成员的向心力、凝聚力。这是从松散的个人集合走向团队最重要的标志。

合作双赢！只有合作，每一个人才能将自己的才华最大化地施展。

赶紧告别单打独斗吧，积极培养与人合作的能力，成功才不会拒你于千里之外。

寻找最适合而不是最优秀的合作伙伴

常常听到有人强调，他们需要的是最优秀的人才。但是这个世界上没有绝对的最优秀的人才。即便是他们能找到这样的人才就一定能建设出一支一流的团队吗？

其实不然，同那些具有敏锐的观察力、独特的见解、创新的理念、挑战卓越的勇气、非凡的执行能力和善于沟通的领导能力的人才相比，能够认同团队的价值观，接受团队文化，具备团队所需要的工作能力和专业技能，自律守纪，具备良好的沟通能力、合作精神和学习热情能够完成各项工作的人，才是团队最需要的人。

为什么这么说呢？

因为，任何的一个团队都是由不同类型的人才组成的，强调的是团队成员之间的互补与协作。也就是说，要打造一支一流的团队，团队的领导或管理者所需要寻找的并不是最优秀的人才，而是最适合于自我团队的人才，并且做到知人善用，把合适的人放到合适的位置。

事实证明，成功的团队，其领导管理者都是在选人用人时做到了这一点。在这一方面，唐太宗为现代团队上了一堂生动的课。

唐太宗在选人用人上采取“因职择人，量才而用”的原则。他了解每个大臣的长短处，把他们任用到最合适的位置上去。他曾点评众臣说：“长孙无忌善避嫌疑，对待事物反应敏锐，决断事理，古人不及；而带兵攻战，就不是他的长处了。高士廉涉猎古今，心术明达，临难不改其节，当官无朋党，是其优点，但缺乏的是不能直言进谏。唐俭言辞犀利敏捷，善解人意。杨师道品行纯和，严于律己，但性格却有些懦弱，缓急不可得力。岑文本性敦厚，很有文采，引经据典，无人能及。马周见事敏速，性格忠贞，品论人物，直道而言，治理政事，多能称意……”

在了解了这些大臣的优缺点后，唐太宗做到了知人善用：高士廉公正无私，不结朋党，唐太宗便任其为礼部尚书；岑文长于文章，供职于中书省；杨师道平和忠诚，被奉为侍中，随侍左右；刘洎秉性贤贞，热心公益之事，即授工部尚书；马周治吏颇有心得，才堪大用，遂破格提拔，十多年间，从一介布衣提升至宰相；魏徵以其性直充当诤谏之臣；李靖以其骁

勇执掌军事。唐太宗的人事安排非常恰当，即使有人没有被授予职务，也毫无怨言，认为该位置上的官员的相关能力的确比自己强。

从上面的事例中，我们可以看出，唐太宗手下的名臣并不是什么绝对最优秀的人才，同样在某些方面有着不足之处，但是唐太宗并没有因此而弃他们不用，而是根据他们的特长将他们放在合适的位置，将他们个人的特长发挥出来，终于开创了以后的贞观之治的繁荣局面。

团队的用人同样也是如此。只有把人才用到合适的地方，合适的岗位上，才能将人才与职位、与工作匹配，才能使人才的价值达到最大化。当我们在看完古人的事例后，把目光放到现今的企业上，来看看下面这家公司是怎么做的。

有个叫吴越的人，通过多年打拼终于创建了属于自己的公司。然而，公司成立不久便因管理不善而负债累累。当时，他的公司平均每月亏损约10万元，而银行还有100多万元的贷款。

为了改变这一现状，吴越苦苦地支撑着，后来他委托猎头公司从别处高薪挖到了一名人才，并根据他的能力将其放在了经理的位置上。吴越期待着新的经理能有一些新的战略。和其他卓越公司的领导人一样，这位新经理认为，要想摆脱团队的困境，首先要解决“人”的问题。他告诉吴越：“只有先把恰当的人安排在合适的位置，企业才能健康有序地发展，否则的话一切免谈。”

吴越根据新经理的建议对公司团队的人事安排进行了调整，将恰当的人安排到合适的位置，此后，这名经理便开始了他的行程，将注意力完全放在“做什么”的问题上。他和他的团队最终把吴越的公司由每月亏损10万元变成了每月赢利40万元。

吴越的企业为什么会出现这种情况呢？是缺少人才吗？事实上，他的团队并不缺乏人才，而是缺乏对人才的恰当使用。在我们的身边，很多的团队难以得到较好的发展，就是因为如此。

从上述案例中，我们进一步知道了，要想打造一流的团队，片面地追求优秀人才是远远不够的，还需要团队的领导或管理者做到知人善用，将人才放到合适的位置。因为，当一个人处于真正适合他的位置上时，才能发挥出最大的潜力，像这样的人才是团队最需要的人才。

增强团队凝聚力，始终让团队成员牢牢地抱在一起

企业的使命感是企业活力的加压泵。赋予员工使命感，就能使个体产生一种情绪高昂、奋发进取的力量和激情。这样，员工就时时受到鼓舞，处处感到满意，从而就会有极大的荣誉感和责任心，并自觉地为获得新的、更大的成功而瞄准下一个目标。

员工竭尽全力做好每一件事，是一个企业成功的基础。成功的企业家则是通过赋予员工使命感把员工身上的各种潜质都统统地挖掘出来，并让全体员工协同起来，为企业而战斗。

研究激励理论的学者认为，最有力的激励手段是让被激励者感觉自己的工作非常有意义，自己是在做一件很伟大的事情，他们觉得完成这一目标能够给自己带来荣誉和尊严。一旦员工对自己的工作有了“神圣”感，他们就会义无反顾、勇往直前地应对企业面对的所有挑战。

通用电气的企业使命只有七个字：无界限、快速、远大。杰克·韦尔奇在 1993 年对全公司员工说：“我们用三个经营原则来定义通用电气的气氛和行为：‘无界限’指的是我们的行为不应该自我设限；‘快速’，指的是我们所做的每一件事都要讲求速度；‘远大’，指的是我们的每一个目标

都要有远见。”

韦尔奇解释：“行为上的无界限，是今日通用电气的精神所在。简言之，人们是否总在自己与他人之间筑起一道道的墙，在我们这种大型机构内，此种本性发挥得更透彻。这些墙会限制大家、压抑创造力、浪费时间、钳制思想、扼杀梦想，更糟的是，会减慢一切事情的进度。我们的挑战就是要打掉甚至推倒这些阻隔在我们彼此以及我们与外界之间的几点障碍。到目前为止，‘无界限’的精神让我们发展出许许多多的新点子，将公司彻底改进。”

“快速”是三大哲学中的第二项，大规模的公司很少有像通用这样，还能做到速度上的要求。今日的通用电气公司，不论是新产品研发、生产过程重新设计，还是减少工厂和设备投资以提升公司实力，都能达到速度的要求。

最后一项概念是“远大”，指的是依照梦想来制定企业目标。韦尔奇的解释是：“‘远大’让公司把目标推向更高远，远到大家都意想不到的地方。在这个无界限、讲速度的公司里，公开、诚恳及信赖的作风让我们定出远大的梦想，然后大家努力实现。”

1981—1995年，通用提出的目标是“成为世界上最有竞争力的企业”，让公司的每个业务领域都能在市场上占据第一名或第二名的位置，任何不能达到该要求的业务都必须整改、出售或关闭。毫无疑问，这样的使命感具有非常清晰的含义，非常具体，表述准确，没有任何抽象的东西。同时，这个使命又是壮志凌云的，它表明了通用电气征服全球市场的雄心。

韦尔奇认为，企业的重要因素在于人。他说：“我们决定在拥有20多万名员工的通用建立一种文化，让每个在这里工作的人每天都带着追求更好的态度来工作。因为我们知道策略、技术、市场开发、并购以及其他方面都很重要，而要让这些方面融合在一起，靠的就是人。通用是成功或是失败，关键也在于人。”对于人，韦尔奇说过，改变人们的行为方式和工作方式，最重要的就是给员工灌输使命感。为此，他在通用电气提出了“软性价值”一说。他说：“我希望通用电气的表现可以超越国民生产总值的成长，但是我不希望设定出一个数字化的目标，而是通过类似使命感的灌输来挖掘出全体员工的聪明才智，达到我们的目标。使命感的灌输将所有的积极因素完全地融合在一起，进而让公司能够提供有价值的商品与服务。”

为了实现他提出的软性价值，韦尔奇充分发挥通用设在纽约克罗顿维尔市的学习中心。韦尔奇明白，只建立一个企业哲学是不够的，重要的是，要将企业的使命感传达至每一个通用员工，或者说至少绝大多数的通用人，都尽快地搭上这艘使命之船。

韦尔奇认为，拥有使命感的员工会使通用变得百折不挠、更具弹性，并且更为敏捷。正是在这种使命感的驱动下，1998 年通用电气除了创造出 1000 亿美元的收入外，还打破了通用电气志愿者每年向青年提供 100 万小时服务的纪录。通用电气在全国范围内的志愿服务行动无疑为公司带来了巨大的荣誉——1999 年连续第二年被《财富》杂志评为全美最受人尊敬的公司。韦尔奇说：“在通用电气的近 40 年中，我从未见过哪一个全公司范围的运动在向一个宏伟目标努力时会行动得如此自愿与迅速。”

从一定意义上说，通用电气的成功，很大程度上得益于其企业文化的成功，韦尔奇在通用掀起的一场文化革命，改变了员工的行为方式和工作方式，并因此激发出了员工真正的热情和忠诚度。通过通用电气对员工的思想改造所获得的巨大成功，我们不难看出，拥有使命感，无论是对整个企业还是对于员工个人，其意义都是非常深远的。

1. 强调全体成员的一致性

企业使命感最大的作用便是强调企业目标和成员工作目标的一致性，强调企业成员之间的吸引力和成员对企业的向心力。当一个组织变得日益庞大，基础架构也变得日益复杂时，要维持公司一向标榜的企业使命，并

不是一件容易的事情。向员工灌输使命感的关键就是要做到让公司的每个员工都觉得，自己参与了一项很伟大、很特别的事，而此事的重要性也许足以超过他们自身。一个有效的方法是把团队调整到共同的目标，通过所有环节的一致性，员工可以认同公司的价值观和信念，也了解公司目前的运营和努力方向，那么他不但会努力达到眼前的目标，也会关注组织的更大目标，于是就能相应的尽己所能对大目标有所贡献。

企业使命是一个方向盘。企业提倡什么，崇尚什么，员工就会追寻什么。使命感可以长期引导员工为实现企业目标而自觉努力。企业的使命感从以下两个方面发挥作用：一是直接引导员工的性格、心理和行为；二是通过整体的价值认同来对员工产生引导作用。

2. 为员工描绘生动形象的使命

如果是以强权或权威来压制一个人，这个人做起事来就失去了真正的动力。抓住人的期待并予以具体化，使其为了这个具体化的期待而努力，这就是赋予动力。企业的使命感就是行动的蓝图，也是精密的具体理想或目标。如果这个具体的理想或目标规划得生动鲜明而详细，下属就会毫无疑惑地为之努力。

善于向员工灌输使命感的领导者，能够将大家所期待的未来远景着上艳丽的色彩。这远景经过他的润饰后，就不再是微不足道的小事，而是形象生动的美好蓝图。大家的热情自然高涨，士气自然高昂。

成功的领导者往往都主张以使命感来凝聚团队的向心力，他们对于自己和群体的目标永远十分清楚，并且深知在赋予员工使命感的过程中，让每位成员共同参与的重要性。因此，他们会经常和他的成员一起确立企业的目标，并竭尽所能设法使每个人都清楚地了解、认同企业的使命，进而获得他们的承诺，坚持和献身于共同的目标之上。当所有成员有认同感、成就感时，大家会从心里认定：这就是叫我们的使命。

3. 不只是对赢利感兴趣

拥有崇高使命感的企业，眼睛不仅仅是盯着利润，这就如同企业希望员工不仅仅为了薪水而工作的道理是一样的。有许多人认为，办公司就是为了赚钱。虽然赚钱是公司的重要目的之一，但是我们必须进行更深一步的研究，找出公司存在的真正原因。通过对这个问题的研究，我们必然会得出这样的结论，即一批人走到一起来，并以我们所说的公司的形式存在，以便能够集体地成就一番单靠个人力量无法成就的事业，即为社会做一点贡献。这句话听起来一点也不新鲜，但却是至关重要的。留意一下周围的企业界，你仍会发现一些人只对赢利感兴趣，对其他事情漠不关心，但是，对大多数人来说，潜藏在追逐利润的背后的实际动力是一种要做事情的欲望，是要做一点有价值的事情的欲望。

很难想象，一个只关注企业利润的公司能够向员工灌输催人奋进的使命感，即使能，也注定这种使命感是短暂的。原因很简单，公司利益至上的原则保不准什么时候就会拿员工的利益开刀，员工在这种缺乏安全感的企业里，哪里还有什么使命感呢?

总之，有效的使命感要在可能的目标与不可能的目标之间寻求一种平衡。它既要给大家一个清晰的方向感，以赢得卓越绩效为导向，也要充满壮志雄心，让人们感觉到自己是伟大事业的一部分。

值得注意的是，确立使命是企业高层管理人员的职责。除了最终需要对此负责的人外，企业使命的确立既不可能，也不应该授权给其他任何人。

不抛弃，不放弃，不让任何一个伙伴掉队

在任何一个团队之中，总有些成员在工作中，或是跟同事创业者接触的过程中显得不怎么自信。他们的这种不自信原因有很多，但是不管怎么

样，作为团队的领导或管理者都不能对此忽视，而应当想办法提高他们的自信心。

作为创业者，如果能做到这一点，团队的成员便能更容易感觉到你对他们的关心。俗话说得好，“士为知己者死”，想想看，在这个时候他们又怎么不会更忠心于你，又怎么不会忠诚于团队呢？更为重要的是，在你为他们注入信心之时，还能够激活他们身上的潜能，从而推动整个团队的发展与进步。

由此可见，要想提升团队的整体实力，就必须不断地增强团队成员的自信心，特别是为感到沮丧的员工注入信心。那么，在实际的团队管理过程中，领导或管理者应怎样做呢？以下就是应该注意的地方。

面对那些陷入情绪低潮的下属，管理者可以说是伤透了脑筋。许多管理者在这种情形下，会责备下属。这么做不仅不能取得较好效果，反而让受责备的人变得更为不自信，在以后的工作中表现越来越差。聪明的领导或管理者绝对不会这么做，在这个时候，他们往往会给予对方鼓励，让对方重新振作起来，就像下面这位聪明的科长。

某公司的员工小赵被调到设计科。设计科主要负责厂内机器设计的维修和安装。小赵在这之前换过很多部门，人际关系不佳，被认为是个很难应付的人。

但是谁都不知道，小赵曾经是一位技术纯熟的机械工，不仅精通机器，还具有很强的创新意识和能力，曾因此而获得公司董事长的嘉奖。那么为什么他会变成现在这样呢？原来，有一次他被调到一个部门，使用的是一种新型的机器设备。小赵的经验完全不能派上用场，等于是从头开始学习。虽然小赵努力地去了解这些新机器，但和其他员工比起来，工作绩效还是相差甚远。绩效较差的小赵便遭到该部门领导的严厉指责。从那时起，小赵就陷入了工作低潮，变得不自信起来。虽说不久后他又被调到别的部门，但是情绪一直不见好转，还经常和同事发生争执。就这样，他连换了好几个部门，被当作皮球踢来踢去。

设计科的科长在了解到这些情况后，立刻表示欢迎小赵到设计科来，并和他促膝长谈。谈话中，他让小赵联想起自己得到董事长嘉奖时的风光。科长看到小赵谈到自己那段光荣经历时，眼睛里充满了喜悦和骄傲。

也就是那一次谈话，小赵找回了以往的自信和工作热忱。不久，他已经是主管了。

怎么样？在看完上面的事例后，你应该知道了，下属在工作中遇到困难时，给予鼓励要比一味的责备要好得多。那么，怎样才能提升团队成员的信心呢？

1. 多给下属打气

有些人的失败往往不在于没有能力，而是对自己缺乏自信。面对这样的下属，作为团队的领导或管理者与其批评他，责备他，还不如鼓励他，给予他实践的勇气。例如，你可以跟他们说："只要相信自己的能力并努力工作，必定能够成功。"当你在跟他说类似的话后，往往能使他们产生自信和动力，会让他们有勇气面对自己认为可能做不好的工作。

2. 鼓励情绪低落的员工自己解决问题

人难免有情绪低落的时候，在工作中，情绪低落的情形更是屡见不鲜。而当一个人陷入此种情况时，往往都会因为不能脱离困境而痛苦不堪。

许多管理者或资深职员均有此种经验。因此，当他们看到情绪陷入低潮的下属时，往往会邀请他说："今晚我们去喝一杯如何？"想借此机会教给他们适当的解决方法。

但是，就后果而言，最好不要如此。因为下属情绪低落是成长过程中必然的现象。当他们在工作上碰壁时，如果能够自己解决问题，往往会使

他们很快建立起自信。如果总是不让他们自己去克服难题，日后必定养成凡事都依赖他人指导的心态，而无法获得自我超越。

因此，在这个时候，作为团队的领导或管理者不妨把情绪低落视为磨炼员工的一种时机，鼓励他们自己去解决问题。这样，他们才能不断地成长。事实上，在我们的身边，有许多优秀的领导或管理者就是这么做的。

“企业经营之神”松下幸之助就曾说过：“因为困难（而学习），所以（将来）便不再有困难。”这句话可谓简洁而有力地表达了情绪心理学的内容。更告诉我们：只有以自己的力量去克服低落的情绪，才能真正增强自信。

3. 适当提携平庸者

平庸型的下属虽然能力较低，作为领导管理者，如果对这些人抱以诚恳的耐心，投入热情，去关爱他们，帮助和提携他们，这些人必将成为支持你、帮助你的力量，至少，可以使他们在工作中不拖后腿。

不过在这儿要提醒注意的是，提携不一定就是升职。这里所说的提携是多种多样的，例如给他调整职务；放手让他独自执行某项工作；在他灰心、遭遇逆境时，从精神上支持他、鼓励他……这些都是一种提携。

4. 给丧失信心的员工分配“重要任务”

员工把工作干砸了，其内心的痛苦与沮丧可想而知。此时的批评与责备无疑是往伤口上撒盐，不仅不会改变既成事实的结果，更可怕的是还会让对方的自信心遭到进一步的打击。那些聪明的领导者，在这个时候不但不会责备他们，还会想方设法重新燃起他们的自信心。那么怎样做呢？给那些丧失信心的员工分配更加“重要”的任务，就是最好的办法。像这样做，既是对对方能力的一种肯定，同样也是在用事实告诉对方：“我相信你，你一定会做好的”。

试想一下，如果你是那位员工，当你的创业者这样待你，你会怎样呢？

留住有能力、有进取心的员工

人才，是团队成长发展的根本，优秀的人才更是团队做大做强的保障。任何团队的领导或管理者要想将团队做大做强，不仅要招揽到更多的优秀人才，同样还要留住团队中的优秀人才。可是，在今天，人才流动速度越来越快，类似于“跳槽”一类的事不足为奇。

那么，怎样才能留住优秀的人才呢？事实证明，制定有效的晋升制度，让出色的员工适时得到提拔，就是很好的方法。这样做，可以满足员工的心理需要，让他们感受到创业者的信任，从而会让他们忠心于所在团队，死心塌地为所在组织贡献力量。

日本企业界权威富山芳雄曾经亲身感受过这样一件事：

日本某设备工业企业材料部有位名叫P君的优秀股长，因为精明强干，上司交给他很多工作，而股长自己还有许多其他工作，诸如同其他部门协作，自觉建立原企业的管理系统等。P君工作积极、人品好，深受周围同事的好评，富山芳雄也认为他很有前途。

但是，10年之后，当富山芳雄再次到这家企业时，原以为P君已升任高级领导岗位，谁知只是个小领导，而且离开了生产指挥系统的第一线，只充当一个材料部门的有职无权的空头领导，没有正经的工作，也无部下。此时的P君，给人的是一副厌世者的形象。

针对这一情况，富山芳雄感到很惊异，他经过调查了解，才明白事情的真相。原来10年之间，他的上司换了三任，最初的上司，因为P君的精明强干，且是个靠得住的人物，丝毫没有让他调动的想法。第二任上司在走马上任时，人事部门曾经提出调动提升P君的建议，然而，新任上司不

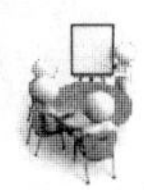

同意马上调走他，经过3个月的考虑，他答复人事部门，P君是工作主力，如果把他调走，势必要给自己的工作带来很大的威胁，因此造成工作的损失他是不负责的，甚至提出挑衅的问题："是不是人事部门要替我的工作负责?"这样，哪任上司都不肯放他走，P君只好长期被迫做同样的工作，提升只能不了了之，他最初似乎没有什么想不通的，干得不错。

然而，随着时间的推移，他逐渐变得主观、傲慢、固执，根本听不进他人意见和见解，加之他对工作了如指掌，于是部下的意见也不肯听。结果使得部下谁都难在他身边长久干下去，纷纷要求调走。而上司却认为，他虽然工作内行，堪称专家，却不适合担任更高一级的职务。从而使他变得越来越固执，以致工作出了问题，P君最终被调离了第一线的指挥系统。

由此可见，总让员工原地踏步是不可取的。聪明的领导或管理者应积极地给予那些能干的员工以信任，并为他们提供晋升的渠道。如果对他们总是半信半疑，不放心，给他的感觉是你不信任他，怀疑他的能力，他肯定不会尽心竭力去工作，跳槽也就是自然而然的事情了。

一点没错，晋升能为团队留住优秀的人才，但并不是所有的晋升都能达到应有的效果。如果晋升的是一个不称职的员工，会引起其他人的抵触、猜疑和担心，将直接影响到整个团队的健康成长。

那么，领导或管理者在建设团队时，如何才能有效地利用晋升这一手段留住优秀的人才呢？概括起来，有以下四种方法。

1. 职位阶梯

职位阶梯是指列出了职位渐进的顺序。序列包括每个职位的头衔、薪水、所需能力、经验、培训等能够区分各个职位不同的方面。创业者以这些职位阶梯为指导来水平或垂直地晋升员工。有了职位阶梯，员工的任职资历就成为其是否被晋升的依据。

2. 职位调整

职位调整的目的在于晋升那些职位发展空间非常有限的一小部分员工。领导或管理者会从他们中选择晋升候选人，而不会考虑其他资历更老的员工。如果这一小部分员工中没有合格的人选，并且该团体并没有达到其承诺的目标，作为领导或管理者千万不要降低标准从中随便选择一个，一定要坚持原则，就是从外部招聘也不要晋升不属于这一部分的员工。

3. 职位竞聘

职位竞聘是指允许当前所有的员工来申请晋升的机会。其好处在于增强了员工的动力，同时减少了由于主管的偏爱而产生的不公平晋升的可能。然而，职位竞聘意味着大量的文字工作和过长的竞聘时间。领导或管理者必须做出正确的判断，排除不合格的员工。他们必须对所有应征者做出评估判断，并对被淘汰的应征者做出合理的解释。

4. 职业通道

职业通道是指一个员工的职业发展计划。对团队来说，可以让团队的领导或管理者更加了解员工的潜能；对员工来说，可以让员工更加专注于自身未来的发展方向并为之努力。这一职业发展计划要求员工、主管以及人力资源部门共同参与制订。员工提出自身的兴趣与倾向，主管对员工的工作表现进行评估，人力资源部门则负责评估其未来的发展可能。

一般来说，资历和能力是管理者做出晋升决策的基本依据。资历可以从员工服务年限、所在部门以及工作岗位来衡量；能力可以从技能、知识、态度、行为、绩效表现、产出、才干等方面进行衡量，总之能力衡量是一个复杂的过程。不同类型的人、团队以及同一团队中不同的等级所需的能力结构是不一样的。

在做出晋升决策之前，管理者有必要进行绩效评估。在设计一套绩效评估系统之前，管理者必须做出决定，是基于现在的工作还是基于未来的工作。很多现有的技术都倾向于评估员工现在的绩效。评估是由现在的创

业者对员工工作任务的绩效做出的，这些工作任务由员工当前的职位级别所决定。

问题在于，目前的管理者们似乎没法有效地了解空缺职位，以决定需要的素质。除此之外，员工总是希望被晋升，直到他们达到能力的极限。这表明过去的评估并不是一个晋升的好标准。所以，在做出晋升决策之前，管理者有必要首先评估新工作本身，明晰该工作目前和未来存在的问题，并设立短期目标。他们应该做出如下的评估：首先，要评估工作所需的知识、技能和个人品质；其次，要评估情境因素；再次，要评估候选人的能力；最后，要基于自己的判断确定人选。最佳的候选人应该达到新职位的最低标准，才将获得这一职位。他若不愿接受，第二人选将获得该职位。基于这样的系统评估方法，管理者就能够找到最合适的任职者。

此外，领导或管理者还要考虑到所有的团队成员都有平等的机会。进行职位竞聘是很有必要的，所有员工都可以加入到晋升选择中去。每个公司都应该有一个公平的晋升制度，该制度应当被员工和领导者双方所接受。这样，可以使员工得到很好的激励和回报，并实现组织绩效得到改进的目的。

团队文化的本质

团队文化成为许多团队走向成功的强大动力和重要法宝。调查研究表明：世界500强企业成功的根本原因就在于，他们善于给团队文化注入活力。而美国另一位权威学者甚至大胆预言：团队文化在未来十年内很可能成为决定团队兴衰的关键因素。可见，团队文化在团队的发展过程中起着十分重要的作用。

孙世尧是全国包装行业的龙头老大——山东丽鹏包装有限公司的董事长。他通过抓教育，构建健康向上的企业精神和抓活动，增强员工的凝聚力和向心力的措施一步一步打造出了自己的企业文化，并用这种文化影响着员工，使得员工也将企业看成是自己的事业。

孙世尧说："文化作为丽鹏的指导系统，决定着企业的发展速度和状态。有什么样的文化，必然有什么样的企业。我们创造这样的气氛，绝不是为了搞形式、出风头，而是为了通过反复地灌输、熏陶，最终融入人们的灵魂，变成每个人的自觉行动，上下一心把丽鹏创造成具有敢闯精神和团结协作精神的一流企业。"

在丽鹏工作的员工一再表示："丽鹏公司的领导好、环境好、风气好、学习好、娱乐好，我们在这儿工作，感到舒心、感到幸福。"

孙世尧之所以能让山东丽鹏包装有限公司从一个小作坊发展到今天的龙头地位，正是企业文化所起的作用。在企业文化的渗透下，员工们热爱自己的企业，愿意为企业贡献自己的一切。

如今，越来越多的团队逐渐认识到无形的团队文化比有形的机器设备对团队发展更有力量，因为最先进的管理是用"文化"来管理的。但必须强调的是，团队文化不是用来标榜团队的美丽外衣，它是团队里每一个人心目中的价值观念和行为准则，是工作生活的自然习惯，它需要团队中每个员工的参与和认同。如果每一个员工都能融入到团队文化中，团队的人性化管理就实现了。因而，只有当员工和团队的价值观保持一致并完全融为一体的时候，员工的潜能才能发挥到最大值，才能创造出奇迹。

1. 培养员工的认同感

一般来说，成功的团队都有自己独具特色的文化，并且非常注重培养员工的认同感，能够让员工尽快融入团队文化。

IBM 公司创始人老托马斯·沃森早在 1914 年创办 IBM 时，就设立了

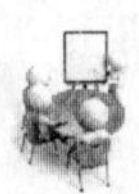

"行为准则"：他希望他的公司财源滚滚，同时也希望能借此反映出他个人的价值观，于是，他把这些价值观标准写出来，让所有为 IBM 工作的人都必须明白公司的文化："必须尊重个人""必须尽可能给予顾客最好的服务""必须追求优异的工作表现"……IBM 每位员工都将这些准则一直牢记在心中，任何一个行动及政策都直接受到这三条准则的影响。

后来的事实也证实了："沃森哲学"对 IBM 公司贡献出的力量，比技术革新、市场销售技巧以及庞大的财力所贡献的力量更大。无疑，IBM 公司的团队文化是成功的。

团队文化不能是一个标语，它应该真正渗透到员工的内心深处。

微软公司要求员工通过熟悉公司来融入团队文化中。对此，总裁比尔·盖茨说："熟悉本公司是每个员工的必修课，因为只有熟悉本公司情况，才有可能把公司情况介绍给你的客户，反之，必会引起客户的怀疑。"可见，微软对员工融入团队文化的要求是非常严格的。

文化的锻造就是必须让员工"亲身体验"到，让员工感觉到文化就在身边，跟自己的工作息息相关。

2. 让员工处处感受到企业文化的存在

领导者应该清楚地告诉人们公司的目标是什么，然后关注目标的每个细节，让员工在自身的工作中来感受文化的不同，那么跟员工自己工作相关的因素有哪些呢？包括管理风格、职责权限、绩效考核、激励机制、团队关系、工作流程、培训体系、制度和规范。

从员工接触公司的第一天，见到的第一个人起，他实际就在感受公司的文化了。诸如面试时有没有人热情接待，考官的态度，进入公司后主管和同事是否真心帮助他，是否让他感觉到公司的温馨，这些都还是初步和浅层次的文化融合。当他在公司工作了一段时间，业务开始熟悉，就会深刻体会到公司的流程、制度、规范、考核、激励机制，等等，这些是团队文化的深层次表现形式，也会使他逐步形成自己对文化的理解。公司只有在这些环节上都体现出“以人为本”，才能让员工认同。

3. 团队文化能让员工自己做得到

思考并不能使我们养成一种新的行动方式，而实践却可以帮我们形成一种习惯。通过积极的沟通和培训使员工改变观念，按照团队文化的要求行动起来。必须让员工行动起来，即使是带有一定强制性的，但必须按照要求做，我们可以将文化与奖励或业绩联系起来，一个组织中的人们应清楚明白哪些行为是应该受到重视和尊敬的，对于那些希望在事业上取得成功的人来说，这也是他们需要改进的地方，如果一家公司能够真正地将员工的回报和文化联系起来，它的文化就会真正地发挥作用。

那些高瞻远瞩的公司并没有什么特别的理念，理念的真实性和公司对理念执行的一贯性程度比理念的内容更重要。也就是说，重要的是如何根据团队理念的要求，改善员工的行为，自觉认同和遵从公司文化，这才是文化塑造的真谛。

打造激情团队，共享共担

只有一个真正重视人的组织，才可能为所有的员工创造出一个展示他们个人能力的大熔炉。员工们才可能在这个熔炉里吸收他人所长，在不断完善自我的过程中推动组织的进步。

金蝶公司的管理模式是“激情管理”，这种管理要求激发团队的能动力与潜力，完全体现出科技以人为本的哲学思想。用总裁徐少春的话来说，团队不是科学，团队的行为既不是物理变化，也不是化学反应，团队是人的组合。团队同人一样经历诞生—成长—稳定发展—衰退—灭亡的生命周期，面临着优胜劣汰。团队有一种内在的原动力，这种原动力需要激发，需要一种以系统化、全面化为主要特征的管理模式以便于激发这种原

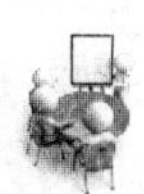

动力。

金蝶公司在深圳本部和分布全国各地的分公司的各个层次的员工都非常年轻，大都在24～25岁，都是刚刚步入社会不久的大学生。金蝶的激情管理吸引了他们，在这里他们可以充分发挥自己对创业的激情。金蝶的激情管理针对团队的管理层、经理层、员工层有着不同的体现。对于管理层强调的是开放授权，作为团队的创业者在团队形成一定的规模后，已经形成了自己的个性，什么事情都想亲力亲为，这会束缚团队的发展，所以必须开放授权，让他们在宽松的环境中充分发挥他们的聪明才智，实现他们自己的目标，只有这样才能激发他们的工作激情。经理层在团队中起的是对公司的各项指令、信息上传下达的作用，这支队伍的作用非常大，在授权的同时要对他们进行培训使他们增长才干。员工要直接面对顾客，他们有最丰富的信息和经验，他们的工作是否充满激情是非常重要的。通过各种学习的方法让他们具有更多的才能，使他们看到自己的自身价值，激发他们努力工作的激情。总之，授权和开放使各个层面的员工具有多的自主权，同时带给他们的还有希望；要想建立一个能对周围环境变化迅速做出反应的团队，全体员工的能力和实现自己愿望的激情是一个关键的因素。能力和激情所创造的价值不是简单的加法关系，其中任何一个因素的增加都会导致结果的成倍增长。

金蝶施行“激情管理”的基础是“爱心、乐业、创新”的团队核心价值观。它推行员工内部持股，给予员工业内最高待遇，实行团队组织形式的扁平化，使员工作为知识工作者参与团队决策。通过一整套严密而灵活的体系去实践其激情管理，营造出一个宽松的人文环境、无限的个人发展的独特的团队氛围，吸引了业内的优秀人才，并让团队中的每一个人都充满激情。有一年的初春，150多位开发员聚集在深圳西湖度假村，举行第一届开发者大会。然而，面对美丽的景色、丰盛的菜肴，以及相对轻松的讨论和会议总结，一些开发员却发起了牢骚，抱怨总裁浪费时间。他们的理由是，手头的工作还没有做完。对于金蝶员工，加班成了经常的事，一些开发员对晚上11点出发的班车提出了能否再推迟的建议。这一切确确实实地发生在金蝶这样一个民营团队中。

金蝶公司依靠文化、观念维系着每一位员工的激情。在金蝶，每一个人都有原动力，同时也有压力。金蝶通过一系列的制度、系统、流程，激发员工的激情。每个季度和年终的考评决定每一位员工能否得到团队的股份，其中创新能力、专业技能、工作成效占到80分，另外20分放在效果与失误上。业内的最高待遇及年薪制，效益工资、工会法人持股、法人股等保证了员工在物质利益无忧的情况下，富有激情和干劲。因此，可以说从精神上到物质上全体员工的利益都得到了保证。

相对于海尔强调控制、让每个人在每件事中都有明确的目标，每时每刻都有事做的OEC管理而言，金蝶的激情管理最大的特点在于强调个人能力的发挥，即开放式的自主管理。总裁徐少春认为，让每个人每时每刻都有事做的控制管理适合像海尔那样的家电团队，而在软件行业中，如果为每个人都设计好让他们做什么的话，那就麻烦了。软件行业就是要让每个人尽力创新，让他们自己找事做，这是两种不同的管理文化。

为了加快团队的发展，徐少春让每个人既有原动力，也有压力，让每个员工充满激情、充满活力，让他们充分体现出自身独有的价值。公司的发展总的方向只有一个，但公司中的每个人都可以向任何一个不同方向思考，这样，公司才会有发展，才会有创新。

人性化是金蝶“激情管理”的核心，其间的道理并不深奥，但在今天许多人却热衷玩弄高深的概念，忘记了团队管理“起始于人，终结于人”的根本道理。中国社会科学院的一项研究表明，重技术轻文化的概念是对“知识经济”的误解。因为“知识经济”的标志恰恰在于文化与技术、经济和社会之间出现了深刻全面的互渗关系，文化成为效益巨大的经济资源。因此也可以说知识经济是“高技术”与“高文化”联姻的经济。如果

基于这样的共识，技术就不再是一个封闭的、按其自身惯性和逻辑发展的过程，而变成与人的趣味、时尚要求、环境意识乃至道德评价密切相关的活动系统。技术越来越多地满足人的文化需求，同时，开发和掌握技术的人，作为人力资本，不仅是技术人，更是文化人。团队管理日益人性化，就成为必然。

稍稍留心一下金蝶，不难发现其产品的物理形态正在日益变成某种消费概念乃至生活时尚的载体，其市场生存能力和生命周期往往不再取决于它的有形的物理性能，“以物为本”的技术，正在变为“以人为本”的技术。畅销全球的《大趋势》的作者奈斯比特先生，有一番耐人寻味的讲话：“每当新技术出现，就会有响应的人类精神的需求，而在并列的两条轨道上，人类的情感精神这一边已经远远落在后面，人类正被高科技抱着走。从这个意义上说，数字化的时代，比以往任何一个时代更需要人性化，更需要充满人性化的激情管理。”

人性化的激情管理不但必要，而且具有很强的操作性，只要你愿意，你也能让你的员工在人性化的氛围中充满激情。

第五堂课

融资有道：资金是创业者的生命线

借米养鸡，无本也能起家

所谓“借米养鸡”，指的就是在不付出或付出很少代价的情况下，利用他人有形的或无形的资源来获取利益的行为。如果你想干一番事业，无资本便是你创业的第一道难关。这时候，你只有想方设法去“借助”，借用别人的钱来赚自己的钱，才能使自己真正开始创业。

日本大企业家中山洋介刚起步时，同所有想做老板的热血青年一样，无钱又无经验。当他告诉别人他要做老板时，几乎所有的人都不相信他会成功。可在最后他不但成了一个成功的商人，而且经营的还是资本量很大的房地产。

谁都知道，经营房地产利润很大，可是风险也很大，如果没有一笔雄厚的资金做后盾，对普通人来说，那简直是天方夜谭。但中山洋介没有悲观，他有白手起家的妙计。

刚开始时中山洋介经过考察发现，在日本，土地资源十分宝贵，不少人想开工厂，却买不起土地，更谈不上建筑厂房了。如此一来，许多土地却还在闲置。如果不买土地，而是只租用土地，那些企业主就可以负担得起，这样赚钱自然就在情理之中了。

中山洋介并不是像有些人那样构思好后不付出实际行动。相反地，中山洋介迅速去打听那些闲置的土地。这些土地多数由于位置偏僻而卖不出去。中山洋介便同这些土地的所有者进行商谈，提出改造并利用土地的计划，土地所有者一听都非常高兴，就纷纷让出土地，有的甚至还拿出一定的资金参股。有了土地，中山洋介就开始组建洋介土地开发公司，并召集一些人员上门去推销土地，这些工厂主正为没有资金兴建工厂而着急，现在知道了可以用很少的钱租用土地，自然愿意上门和中山洋介签约。

中山洋介从租用厂房者收取租金后便扣除土地租金，再除去修建厂房的费用，所余就是中山洋介用这种“空手套白狼”的方法所赚的利润。

中山洋介从营造小厂房再到建筑大厂房，再到营建大规模的工业区，这样逐步地扩展使得其公司经营也不再只限于租用土地。白手起家的中山洋介终于成为日本凤毛麟角的大企业家。

日本东部有一个风光旖旎的小岛名叫鹿儿岛，这里气候温和、鸟语花香，每年都吸引了大批来自世界各地的观光客。一个名叫阿德森的犹太人在日本经商已有多年，在他第一次登上鹿儿岛之后，便喜欢上了这里，于是决心放弃过去的生意，在此建一个豪华气派的鹿儿岛度假村。在一年之后，度假村落成了。但由于度假村地处没有树木的山坡上，一些投宿的观光客总觉得有些扫兴，建议阿德森尽快在山坡上种一些树，以改善度假村的环境。

阿德森很乐意接受这个建议，可是要绿化这片山坡，需要一笔庞大的开支，而且工人也不一定能雇到，所以，工程迟迟无法实现。

没有本钱但是又不想放过这样的机会，该怎么办呢？后来，阿德森想到通过借力来实现自己的这一目的。只见阿德森在度假村门口及鹿儿岛各主要路口的巨型广告牌上都打出一则广告：各位亲爱的游客：您想在鹿儿岛留下永久的纪念吗？如果想，那么请来鹿儿岛度假村的山坡上栽上一棵“旅行纪念树”或“新婚纪念树”吧！

绿色毕竟是诱人而令人开心的。一些常年生活在大都市的城里人，在废气和噪声中生活久了，非常渴望到大自然中去呼吸一下新鲜空气，休息休息，如果还能够亲手栽上一棵树，留下“到此一游”的永恒纪念，那就别提多有意思了。

于是，各地游客纷纷慕名而来。鹿儿岛度假村一时变得游客盈门，热闹非凡，当然，阿德森也没有忘记替栽树的游客准备一些花草、树苗、铲

子和浇灌的工具，以及一些为栽树者留名的木牌。而且按照规定：游客栽一棵树，鹿儿岛度假村收取300日元的树苗费，并且还给每棵树配一块木牌，由游客亲自在上面刻上自己的名字，表示纪念。

这一招果然具有十分大的吸引力，到此一游的人谁不想留个纪念？就这样，鹿儿岛度假村一年下来，除食宿费收入外还收取了“绿色栽树费”共1000多万日元，扣除树苗成本费400多万日元，还赚了近600万日元。在几年之后，随着幼树长成材，原来的秃山坡已经变成了绿山坡。

让你出钱，让你出力，而且还让你高兴而来，满意而归，这似乎是一件不可能的事情。可是精明的阿德森却看到了这一“不可能”之中的可能性，做了一笔一举两得的生意。这就是“借米养鸡”的奥妙所在。

资金对于创业及经营的作用，相信你已经深有体会。因此，当你正在为没有资金而苦恼时，请细心观察时势，把握时机，大胆去“借”，你的创业之路定会一路畅通。

红顶商人胡雪岩在创业之初，十分想开一个属于自己的钱庄，但他是绝拿不出那么多银子来做本钱的，因为在当时，钱庄要开办得有点样子，至少得要5万两银子。可以说，那时的胡雪岩几乎算得上是个身无分文的穷光蛋，但他想开钱庄的信念依然十分坚定，在他看来，眼下只要弄几千两银子，先把场面撑起来，钱庄的本钱不成问题；胡雪岩有如此把握，是因为他此时心中已有了自己的“成算”，这“成算”也就是所谓的“借别人的钱成自己的事”。

胡雪岩想到了两条渠道。第一条是借信和钱庄垫付给浙江海运局已付清米的20万两银子。第二条则是一个更加长远的渠道，那就是借助王有龄在浙江官场逐渐增大的势力，代理公库。就这样，胡雪岩把自己的钱庄轰轰烈烈地开起来了，并最终积累千万资产，创造了一个又一个的商业神话。

胡雪岩是个敢于突破陈规旧矩、开创新局面的人。不但他创业之初所动用的资金几乎全是借来的，后来随着事业的进一步发展，他更加懂得如何借用外力让自己发财。做生丝生意由大家集股；药店可以打官府的主意；而典当业，他则看中了苏州的富家公子。胡雪岩看中苏州那班富家公子，更是抓住了一次借助别人的资金、开创自己的事业的机会。

古往今来的善于借力者，在成就自己事业时，往往都是无本起家的。他们用自己的空手套白狼，成功地“借”到了别人的钱来发展自己的事业。

因此，如果你能够灵活运用“借米养鸡”这一招，不论是在财富积累方面，还是在个人经验积累等方面，都一样会让你受益匪浅。

融资的最高境界是“我不要钱”

很多人在创业时便有着良好的构思，只是苦于没有资金将自己的构思付诸实际。而这些有可能对社会，对世界造成影响的技术便在资金的缺乏下夭折了。

由此可知，创业、发展没有智慧与金钱是不可能的，但在现代社会，我们更应该明白，要想让自己摇身一变成为成功的商人或企业家，仅凭自己的智慧和金钱也是远远不够的。当你的技术因资金的滞后而搁浅时，你便要懂得“借”他人的金钱来发展自己的技术。这是一条成功之路，更是一条致富之路。希尔顿是这样做的，富兰克林是这样做的，恺撒也是这样做的。即使并不缺少资金的人，只要拥有“借”别人的钱发展自己技术的机会，也不应放过。

商业竞争中，你所拥有的资金也包含借来的钱。因为这些资金是你用来引进设备、技术，投资、扩建等的重要支持。所以商界中，拥有借钱能力可以说也是经营者的一项重要才能。如果能将借钱的能力与运用资金、发展技术的能力互相配合，必将成为商界的知名人士。

美国具有商人之神称谓的约翰·华纳卡并非出生于显赫之家，他缺乏良好的学校教育，但他却能够成为后来美国的百货巨子，甚至被列入名人传记中。他14岁到书店当学徒，然后一边从事推销工作，一边积累资金，独资经营一家店铺，终至被尊为美国商业界的权威。而他的成功之道，则告诉了世人成功的方程式，即“生意的成功＝他人的头脑＋他人的金钱”。这个方程式说明，要想使成功的希望变为现实，唯一途径就是，适时借用他人的智慧、技术和金钱来为自己的利益服务，创造自己的价值。

在他的这种成功方程式的影响下，美国第一旅游公司副董事长尤伯罗斯，在任第23届洛杉矶奥运会组委会主席时，靠着非凡的“借术”为奥运会赢利1.5亿美元，举办了一场漂漂亮亮的奥运会。谁曾想到，当今最热闹的体育盛会——奥运会，却拥有穷得叮当响的历史。

1972年在联邦德国慕尼黑举行的第20届奥运会所欠下的债务，久久不能还清。

1976年第21届加拿大蒙特利尔奥运会，亏损10亿美元。

1980年第22届奥运会是在莫斯科举行的，耗资90多亿美元，亏损更是空前。

从1898年奥运会创始以来，奥运会几乎变成了一个沉重的包袱，无论是谁背上它都难以避免巨大的债务，这几乎已不可更改。

然而，洛杉矶市却打破了这一规律，该市声称将在不以任何名义征税的情况下举办奥运会。当尤伯罗斯任组委会主席后再次明确提出，政府不提供任何财政资助、不掏一分钱的洛杉矶奥运会将是有史以来财政上最成功的一次。而尤伯罗斯解决资金的办法就是“借”。

在美国这个商业高度发达的国家，没有企业不想借奥运会这个机会来做一下宣传，以扩大本企业的知名度和产品销售，尤伯罗斯清楚地意识到了奥运会本身所具有的价值十分可观，他抓住了不少大公司想借赞助奥运会以提高自己知名度的心理，确定了经费的重要来源，就是这些私营企业的赞助费用。他亲自参加每一项赞助合同的谈判，再加上自己卓越的推销才能，挑起同业之间的竞争以获取厂商赞助。

面对所有的赞助者，尤伯罗斯并没有认为自己是个受惠者，因而完全没有那种唯唯诺诺的感觉，对他们要求很高。例如，赞助者必须要达到组委会关于赞助的长期性和完整性标准；赞助者不得在比赛场内、包括空中做商业广告；赞助的数量最低限额为500万美元；本届奥运会正式赞助单位仅有30家，每一行业选择一家；赞助者可取得本届奥运会某项商品的专卖权。这看似一步险棋，其实却十分有效。

尤伯罗斯料定，提出的条件越是严格就越能激起赞助者的好奇，对此神秘的感觉越强烈，于是各大公司拼命抬高自己赞助额的报价。仅凭此妙计，尤伯罗斯就筹集了3.85亿美元的巨款，是传统做法的几百倍。

出售电视的转播权是赞助费中最大数额的交易。美国三大电视网为争夺独家播映权展开了激烈竞争，借竞争之机，美国广播公司以2.8亿美元的高价争得了转播权，从而使得本届奥运会总收入1/3以上的经费得以落实。此外，以7000万美元的价格把奥运会的广播权分别卖给了欧洲和澳大利亚等。

通常庞大的奥运会，所需服务人员的费用是一笔不小的开销。尤伯罗斯却突发奇想号召无偿服务，成功地“借”来三四万名志愿服务人员为奥运会服务，而他所付出的代价只是一份廉价的快餐加几张免费门票，这些已足以让志愿者满意。

当然，尤伯罗斯绝不仅仅满足于这些人的钱财与力量，在这次奥运会

举办过程中，他把自己的借力之术延伸到了奥运会的每一个细节当中，包括奥运火炬的传递。奥运火炬在希腊的奥林匹亚村点燃，空运到纽约，再绕行美国的32个州和哥伦比亚特区，途经41个大城市和1000个镇，全程1.5万千米，以接力形式，最后到洛杉矶，在开幕式上点燃。在此之前，火炬传递由社会名人和杰出运动员独揽已成为一种固定模式，火炬传递的目的就是吸引更多的人士参与奥运会，可许多国家花了巨资也吃力不讨好。

尤伯罗斯却认为这是一个赚钱的好机会。于是，只有名人才能拥有的这份权利、这份殊荣，一般人如今也可以享受到，只要交纳3000美元就可以获得举火炬跑1千米的资格。人们认为这是一次难得的机会，在当地跑1千米，有众多的亲朋、同事、邻里观看、鼓掌、喝彩，这是一种巨大的荣誉，因而纷纷排队交钱。

仅这一项就筹集了4500万美元。

除此之外，在门票的售出方式上，也有所改变，提前一年将门票售出，由此获得丰厚的利息。

尤伯罗斯成功的经营，扭转了以往奥运会负债的局面。本届奥运会总收入6.19亿美元，总支出为4.69亿美元，净赢利为1.5亿美元。收入结果公布，全世界都为之震惊。这是奥运会历史性的改变，而促使这一改变发生的就是一个“借”字。

在这里，尤伯罗斯成功“借”到了所有可“借”之人的钱，从而筹集到了举办奥运会所需的所有资金，有了这些资金的支持，尤伯罗斯还会发愁没有钱来完成奥运会场地建设、技术发展等梦想吗？

可想而知，这一次的成功将会为世界带来怎样的影响。

所以，当我们因为资金的缺乏而导致技术无法发展、产品不能开发甚至事业得不到扩张时，我们最应该想的就是如何才能成功“借”到别人的钱，来摆脱自己的困境，从而得到发展。

贷款是很多人创业的第一步，但贷款的风险无疑也是非常大的，有很多人因还不起贷款而倾家荡产，甚至步入牢笼。但是的确有很多有胆有识的人却一次又一次地贷款，同时也一个又一个的成为富豪。他们与失败者的最大区别就是能够巧妙地借助银行这只手。

被称为“世界船王”的丹尼尔·洛维格拥有全球运输能力最大的舰队，以及煤炭、石油、化工等行业的大企业，拥有几十亿元的资产。

但是创业伊始，洛维格也是两手空空，可身无分文的他却最终成了让世人瞩目的一代船王。那么，是什么让他最终登上了这一宝座呢?

从他的发展历程中，我们可以看出，是巧妙借力的经营手法，是借钱经营的勇气与谋略，让他筹到了一笔笔资金，最终为他登上这一宝座奠定了基础。

洛维格，1897 年出生于美国密歇根州的上镇南海漫，他的父亲是个房地产生意的经纪人。洛维格 10 岁时，跟随父亲离开家乡，来到了得克萨斯州的小城——阿瑟港，一个以航运业为主的城市。

洛维格对船情有独钟，几乎到了着迷的程度。他先给一些船主做帮工，拆装修理轮船引擎。洛维格对这一行有出奇的灵气，简直称得上无师自通。

由于他手艺出众，揽的活越来越多，忙都忙不过来。于是干脆辞职，独自开了个修理行。

就在洛维格即将 30 岁的时候，他的创业灵感开始迸发了。童年的赚钱经历出现在他的脑海里。

在洛维格 9 岁时，他偶然获悉邻居的一只旧柴油机帆船沉在了水底，船主人想放弃它。洛维格向父亲借了 50 美元，用其中一部分钱雇人把船打捞上来，又用其中一些钱从船主人手里买下了它，然后用剩下的钱请人把那条

几乎报废的帆船修理好，然后转手卖了出去。这次交易中他净赚了50美元。

洛维格后来才知道如果没有父亲的那50美元，他难以做成这笔交易。洛维格由自己童年的经历发现，对于一贫如洗的人，要想拥有资本就得借贷，用别人的钱开创自己的事业，为自己赚更多的钱。

洛维格决定向银行申请个人贷款。在相当长的日子里，纽约的很多家银行里都能见到他忙碌的身影。他竭尽全力试图说服银行家们贷给他一笔款项，并且使他们相信他有偿还贷款本金及利息的能力。可是银行对他的请求一一给予了拒绝。理由很简单，他几乎一无所有，贷款给他这样的人风险很大。希望像一个个肥皂泡那样破灭了。就在绝望之际，洛维格突然计上心来。他有一条尚能航行的老油轮，他决定把它重新修理改装，并精心"打扮"了一番，以低廉的价格包租给一家大石油公司。然后，他带着租约合同等去找纽约大通银行，说他有一艘被大石油公司包租的油轮，如果银行肯贷款给他，他可以让石油公司把每月的租金直接转给银行，来分期抵付银行贷款的本金和利息。

经过研究，大通银行的经理终于答应了洛维格的要求。当时大多数银行家都认为此举简直不可思议，把款贷给洛维格这样一个两手空空的人，等于是把钱白白扔进大海里。但大通银行的经理却认为：尽管洛维格本身没有资产信用，但是那家石油公司却有足够的信誉和良好的经济效益；除非发生天灾人祸等不可抗拒因素，只要那条油轮还能行驶，只要那家石油公司不破产倒闭，这笔租金肯定会一分不差地入账的。在这笔贷款业务中，洛维格的思维巧妙之处在于他利用石油公司的良好商业信誉为自己的贷款提供了担保。

他拿到了大通银行的第一笔贷款，马上买下了一艘货轮，然后动手加以改装，使之变成了一艘装载量较大的油轮。他再次把油轮包租给石油公司，获取租金，然后又以包租金为抵押，重新向银行贷款，然后又去买船，如此循环往复，像滚雪球似的，他买下一艘艘的油轮，然后租出去。

等到贷款一旦还清，油轮就属于他了。随着一笔笔贷款逐渐还清，油轮的包租金不再用来抵付给银行，而转进了他的私人账户。

由于洛维格的巧于经营，他拥有的船只越来越多，包租金也滚滚而来，洛维格不断积聚着资本，生意越做越大。不仅是大通银行，许多别的银行也因为看到他的经济实力不断壮大而开始支持他，不断地贷给他数目不小的款项。

洛维格没有就此满足，他又有了一个新的设想：自己建造油轮出租。

投入了大笔的资金，设计建造好了油轮，万一没有人来租，怎么办？在常人看来，这是极为冒险的举措。凭着对船特殊的爱好和对各种船舶设计的精通，洛维格非常清楚船的客户需求，知道什么样的人需要什么类型的船，什么样的船能给运输商们带来最好的经济效益。他开始为顾客“量体裁衣”地设计油轮和货船的样式。然后他拿着设计好的图纸，找到顾客，一旦顾客满意，立即就签订协议，船造好后，由这位顾客承租。

洛维格拿着这些协议，再向银行申请高额贷款。此时他在银行家们心目中的地位已与过去不可同日而语。以他的信誉，加上承租人的信誉，洛维格向银行提出给予他很少人才能享受的“延期偿还贷款”待遇，也就是说，在船造好之前，银行暂时不收回本息，等船下水正式营运后，再开始归还银行贷款本息。这样一来，洛维格降低了自己的经营风险，他可以先用银行的钱造船，然后租出，以后由承租商代他偿还银行贷款。只要承租商还清了银行的贷款本息，他就可以坐取源源不断的租金，自然而然地成为船的主人了。整个过程他不用投资一分钱。

就这样，丹尼尔·洛维格一次又一次地借银行之手造出了属于自己的船，而他的造船公司也迅速发展壮大起来，丹尼尔·洛维格成了一位真正的大富豪。他所拥有的私人船只吨位，是全世界第一，连奥纳西斯和尼亚斯两位大名鼎鼎的希腊船王也甘拜下风。

洛维格借钱生钱成功的经验告诉我们：借银行的力量来达成自己的愿望，是最简捷的创业成功路径。任何巨额财富的起源，大都是建立在借助银行的基础上。也就是说，要发大财先借贷。向银行借贷是行之有效的手段，西方生意场上有句名言：只有傻瓜才拿自己的钱去发财。因此，无本生财者应当充分认识这一点，并尽可能每天都考虑怎样去借钱。

亚洲饼干大王拉江·皮莱与其说是饼干大王，倒不如说是借钱大王。他创建的公司叫皮莱公司，1991 年他的公司营业额达 7 亿美元，可是他却负债累累；1992 年，负债甚至高达 1.15 亿美元。而这些钱当中，相当大一部分是从银行借来的。虽然皮莱公司有如此高额的借贷，可却并没有被债务压垮。他把借来的钱，投资在不会衰退的粮食产业上。因为拉江·皮莱明白，人即使可以离得开一切，但绝离不开食物！这样，皮莱公司所冒的投资风险相对来说很低，这就是拉江·皮莱深思远虑的一招。

因此，不要害怕借钱，更不要害怕向银行借钱。你要明白，银行不会主动送钱上门，必须要靠你想办法巧妙去借。只要你有诚信，你总会借到自己所需的钱。

在南方有这样一位企业家。出于公司扩张的需求，他需要向银行借一笔数额庞大的资金。但他并没有一次性向银行借这么多，而是第一次借了 2 万，约定一个星期后还。借到这 2 万元，这位企业家并没有把它用掉，而是放在家里，第 6 天他就把钱还给了银行。过半月后，他又向银行借，这次他借 5 万元，约定 10 天内还，到第 9 天，他又上门还钱了。以这样的方式建立的信誉，使他借的数目从 10 万元、20 万元、50 万元、100 万元……一直借到 1000 万元，到最后，他成功地实现了扩张企业所需的资金积累。

借钱生钱的道理，在于用借到的款，发展自己的经济王国。一个成功的企业，往往是一个合理负债的企业；一个成功的人，通常是一个懂得如何向银行巧妙借贷的人。

强借不如智借，轻松赢得投资人的心

从那些善于借力的成功人士身上，我们看到，很多时候，他们需要向别人“借”钱时并没怎么费力，却依然能够成功“借”到钱。因为他们虽然是在向人借钱做生意，但是在借的过程中，对于投资人的心理有着很好的把握，进而赢得了投资者的心。

世界船王包玉刚在创业之初因为缺乏资金而无法拓展业务，他想到了向银行借钱。但包玉刚左思右想，也找不到一个财大气粗又能为自己出面担保的人。不久，他灵机一动，想出了一个好主意。

一天，他找到了香港汇丰银行信贷部主管桑达士，对他说：“桑达士先生，我想向日本公司订购一条新船，排水量为7200吨，船价为100万美元。我已经和日本一家公司谈妥，船造好后租给他们用，期限为5年，第一年租金为75万美元。我想先向您借100万美元。”

用今天的眼光看，包玉刚开出的条件是相当优厚的，不管哪家银行都会接受。问题是在20世纪50年代，银行的经营方式还相当保守，不愿承担任何风险。听完包玉刚的请求，桑达士在心里盘算了一下：第一年租金虽然有75万美元，但人工、燃料、损耗等费用加起来，也不是个小数目；扣除这些，剩下的并不多；包玉刚买这条船，起码五六年才能收回成本，如果借钱给他，银行就要承担长时间的风险。

桑达士低头沉吟，犹豫不决，包玉刚问道：“这个条件还不够？”

桑达士为难地说：“包先生，对于船运业，我们银行一向比较谨慎，

银行贷款的规矩，包先生你不是不知道。”

包玉刚接着桑达士的话说：“您需要我找一位可靠的担保人，对吧?”

桑达士点点头。包玉刚接着说：“如果有一家日本银行，愿意为我开一张银行信用证明，汇丰银行肯借钱吗?”

桑达士爽快地说：“包先生，只要你把信用证明拿来，我马上给你。”

得到桑达士的口头应允，包玉刚立即动身飞往日本。下了飞机，他便去拜见租户的总经理。他对那位总经理说：“我向您保证，我一定竭尽全力履行我应负的责任！我会妥善管理船只。做船务和做陆上是不同的，船在海上走，是动的，若不动，你就要赔钱。船在动，管理不善，就会出错。所以责任实在很大。”听了这番话，那位总经理知道包玉刚肯对船只负责到底，所以被说服了。

包玉刚接着向他保证说：“我的船在管理方面绝对妥善，这个您放心。另外，如果我的船失事了，保险赔偿金全部归您，我直接让保险公司把钱汇进您的账户，我一分不要!”

日本租户当然知道，包玉刚放弃保险赔偿金意味着什么。精明的日本租户考虑再三，终于答应陪包玉刚去找他们的银行经理。最后，包玉刚终于如愿以偿地拿到了那张帮助他踏上船王之路的银行信用证明。

当包玉刚拿着那张银行信用证明走进汇丰银行桑达士的办公室时，那位金发碧眼的英国绅士惊奇地睁大了眼睛，不敢相信这是事实。当然，包玉刚最后如愿获得了他需要的资金。

这就是一个“智”字。所以，要想从别人那里借到钱，一定要懂得运用你的“智”。

白手起家的美国富豪阿克森原是一位律师，他的借钱的智商高过常人。有一天，他突发奇想，要借用银行的钱来赚大钱。于是，他走进邻近街面的一家银行，找到银行的借贷部经理，说要一笔钱修缮律师事务所。由于他在银行里的关系比较多，因此当他走出银行大门的时候，手里已经有了1万美元的支票。

阿克森一走出这家银行，紧接着进了另一家银行，在那里他存进了刚才借到手的1万美元，这一切总共才花了1个小时。看看天色还早，阿克森又走进了第三家银行，重复了刚才发生的那一幕。这两笔共2万美元的借款利息，用他的存款利息充顶，大体上也差不了多少。过了几个月之后，阿克森就把存款取出来还债。此后，阿克森在更多的银行玩弄这种短期借贷和提前还债的把戏，而且数额越来越大。不到一年光景，阿克森的银行信用已经"十足可靠"，凭他的一纸签条就能借出10万美元以上。他用从银行贷来的钱买下了费城一家濒临倒闭的公司，几年后阿克森成了费城拥有1.5亿美元资产的大老板。

很多时候，借钱并不只是向别人张张嘴、伸伸手而已，它也需要借钱者动动脑子，转换一下思维。因为，借钱毕竟有有求于人的成分，如果再加上被借者的顾虑，借钱便成了一件困难的事情，不动脑子，怎能如愿以偿？

动动脑子，想想如何去获得投资人的好感，赢得他人的心理，你就要把"智"和"借"巧妙地联系起来，定能获得自我创业所需要的资金。说起来很简单，但应当怎么做呢？卡耐基归结为如下三个要点：

（1）有利于消除对方的某种心理障碍。因为你借得少，他就不会担心你不还他，即使你赖账，他也觉得损失无足轻重，却由此可以看透人心，下次不借给你就行了。同时，他也不会认为你会为了这么一笔钱就付出丢人的代价。另外，他也不会为对你这一小笔借款的偿还能力感到顾虑。因此，你借一小笔钱的话，一个本来不想借的人也极有可能会同意你的要求。反之，如果你开口要借一大笔钱，他可能会基于种种顾虑，诸如：借给你是否影响到自己的开支？你会不会赖账？你有没有偿还能力？本来愿

意借给你，也变得犹犹豫豫，最终婉言拒绝了你。

（2）有利于按期归还。由于你借得少，偿债的负担不至于太沉重，还起来也就不会那么吃力。

（3）有利于博得对方的信任。你借得少，还得及时，并且每次都如此，大家很快就会对你产生信任感。当你某一次真的急需一笔较大的借款时，人们也会毫不犹豫、毫无顾虑地向你伸出援助之手。

寻求贷款：债务融资的利弊

初涉商场创业时，经营者须有一定的资金，才能使自己的事业有效地运转起来。不论是多么好的目标、设想和计划，如果没有一定的经济力量作为支撑，只能是纸上谈兵。所以，一些经营者认为，经营事业，资金是最有力的支持者，没有资金，事业是很难维系下去的。这也使得一些拥有创业想法的人，由于没有充足的资金而一再地将自己的事业搁浅。因为，他们不愿意将自己过早地陷入债务之中。而抱有这种想法的人，总是错过了一次又一次致富赚钱的机会。

美国著名的小商品经营大王格林尼说过这样一句话："真正的商人敢于拿妻子的结婚项链去抵押。"他的话正告诉人们，创业不仅需要决心，更需要勇气，需要有准备负债的勇气。只想小心谨慎地做自己的生意而不敢借贷，往往在商场上成不了什么气候。而大胆地前进一步，勇敢地向银行贷款、举债，则往往会走向成功。

其实，在某些时候，机会使得你强迫自己贷款，这样能够帮助自己达到获取利润的目的。事实上，在商场，如果不是为了消费，为什么不可以贷一万元或许更多一点钱呢？把贷来的钱用于投资你看准了的项目，一年或两年之后，当你还清本息，你的银行账户上还可以留有一大笔钱。当然，你必须首先还清本息，并且贷款利息要高得很。然而，不管再怎么算，你依然是一个赢利者。因为贷款的利息是一笔惊人的财富，它是督促你加紧干的最有力的动力。如果你不使资金周转起来并创造利息，那么，你可能连贷款的利息都无法还清。

西方商界流传着这样一句名言：只有傻瓜才拿自己的钱去发财。美国亿万富翁马克·哈罗德森说："别人的钱是我成功的钥匙。把别人的钱和别人的努力结合起来，再加上你自己的梦想和一套奇特而行之有效的方法，然后，你再走上舞台，尽情地指挥你那奇妙的经济管弦乐队。结果，富人会认为这只不过是雕虫小技，或者说只不过是借别人的鸡下了个蛋，然而，世人却认为你出奇制胜，大获成功。因为，人们根本没有想到，竟能用别人的钱为自己做买卖赚钱。"

爱默生也曾说过："我最需要的，就是让别人来强迫我做那些我自己能做，并且该做的事情。换句话说，就是需要一种压力。"贷一笔款，给了你一种自然而然的压力。如果一切都风平浪静，那么人的上进心也会在这平静里消磨殆尽。而这种压力，则会使你不得不放弃首先消费的打算，同时，也改掉你懒散的坏习气，你手里的资金很快周转起来，自觉和不自觉地投入到生意的繁忙之中。

成功的经营者们常常把借债比喻为一把双刃剑，若小心运用会使你致富，若不小心，则会适得其反。借债必定有其不利的一面，但关键要看是什么债。若是消费性借贷，那的确应极力避免，但若是"投资性借贷"则要另当别论。

事实上，很多白手起家的富翁都是靠借贷满足自己的资金需求的。他们之所以能够成功，是因为他们深谙借钱、贷款的力量。不愿借贷别人的钱，不愿负债，那么，只能"保守"地守着摊子，世界上就有这么一些人，比如：美国可口可乐公司的前任董事长伍德拉就是位极保守的金融家。

伍德拉一生最厌恶负债，经济萧条前夕，他刚好偿清公司的全部贷款。一次，公司里一位财务负责人要以9.75%的利息去借一亿美元的资金来搞新建筑时，他马上回答说："撤了他，可口可乐永远不借钱！"他的谨慎战略，使可口可乐公司在经济大萧条中免遭灭顶之灾，但也因此产生副作用，使这个公司长期得不到发展，不能进入美国大公司之列。

后来，戈苏塔担任了公司董事长的职务，一改前任的作风，看准方向，大举借款。他接手时，可口可乐公司资本中不到2%是长期债务，从那以后，戈苏塔把长期债务猛增到资本的18%，这种举动使同行们大惊失色。戈苏塔用这些资金来改建可口可乐公司的瓶装设备，并大胆投资于哥伦比亚影片公司。他说："要是看准了兼并对象，我并不怕增加公司的债务负担。"这种不怕负债的勇气将可口可乐公司从困境中解救出来，公司的利润一下子增长20%，股票也开始上涨。

戈苏塔不怕负债的勇气来自看准方向为基础上的决断。他的这种举债行为并非滥借贷款，加重公司负担，而是将债款用到生产的关键环节上，也就是投资性借贷。如此，暂时的负债会赢得长时间的赢利，最终债务也会彻底清偿。如果畏首畏尾，不敢冒借债的风险，那么企业就会永远失去发展的机会，最终会在公司竞争中失败。对一个公司来说如此，对经营者来说又何尝不是如此?

事实证明，天才的赚钱者了解并能充分利用借贷。世界上许多巨大的财富起始之初都是建立在借贷上的。靠借贷发家是白手起家的经营者的明智之举。记得法国著名作家小仲马在他的剧本《金钱问题》中说过这样一句话："商业，这是十分简单的事。它就是借用别人的资金！"

所以，敢于借贷是一个创业者必须具备的勇气。一个白手创业者如果想在身无分文又不想负债的情况下经营事业，如同痴人说梦，是永远不可能的事。做任何生意、办任何实业，资金是最基本的起点。对一个真正想要创业的人来说，最重要的是如何通过各种渠道来筹措资金。而在现在的市场经济条件下，借贷是筹措资金最主要也是最有效的方法。

因此，不必害怕负债，因为这种负债是投资性的，而不是盲目的消费。有了投资必定会有回报，而当这种回报达到一定程度时，背负的债务自然会偿清。

对于一个渴望事业的人来说，“既无内债，又无外债”的小本经营思想是最不可取的，明智的做法就是要敢于借他人、借银行的钱来融到自己所需的资金，这是市场经济条件下，白手起家者必走的一条借钱生钱之道。

节约资金，避免不必要的花销

“当今世界谁是最富有的人？”

如果你的回答是比尔·盖茨，那么你错了。美国零售公司沃尔玛主席罗伯逊·沃尔顿力挫微软公司董事长比尔·盖茨，荣登全球首富宝座。

“当今世界上谁居500强的首位？”

如果你的回答是通用电气或IBM，那么你又错了。沃尔玛以2198.12亿美元（年收入）的高额收入，成为全球最大的企业。其商店总数已超过4000多家。

沃尔玛成功的秘密是什么？分析师和沃尔玛员工一致认为，最大的关键在于注重每一个细节，降低营业成本。他们最深切的感受就是在省钱方面，没有哪个企业能够像沃尔玛那样锱铢必较。

在沃尔玛没有能浪费的纸张。他们从来不用专门的复印纸，需要复印的话，就用废报告的背面。打印纸也是一样，除非非常重要的文件，否则

一律用纸的背面。员工随身携带的工作笔记本也都是废报告纸裁成的。沃尔玛在中国的内部管理口号之一是“实现无纸办公”，就是说单凭先进的电脑系统就可以管理整个商店，不需要额外投入任何成本。不仅如此，沃尔玛还注重节省办公空间，在沃尔玛，办公室的面积都十分狭小，开会总是站着开。在他们的工作站，往往是一功多能：它是经理和主管处理文字的地方，也是所有人到系统里查看数据、打印的地方，同时也是摆放商品的地方，还是召开部门会议和人力资源进行培训的培训室。

在节约人力上，沃尔玛也有自己的一套方法。沃尔玛从不轻易增加人手，而是对所有员工——包括经理阶层和行政人员，进行诸如收银、理货等培训。当节假日业务繁忙的时候，沃尔玛从总监、部门经理及主管，到办公室秘书都上岗到一线，去做收银员、搬运工、上货员、迎宾员等。

节约人手就是节约成本，节约的目的就是为顾客省钱，使消费者可以以更低的价格买到更好的东西。要降低成本，最简单的方法莫过于从自己身上揩油。在中国，沃尔玛的很多店为员工准备了免费的纯净水，但不可能准备纸杯。为员工配的电话是投币电话。有专供员工用的洗手间，但不配卷纸和香皂，用的清洁物品是本店滞销的洗手液。另外，任何一家中国的沃尔玛店都没有专门的翻译人员。沃尔玛只在建店之前为美国专家配备临时翻译，用完就走了，平时都是秘书兼翻译工作。当外籍高层前来视察的时候，往往就由陪同的相关部门的中国总监担任翻译，有时甚至就是中国区副总裁本人。

将沃尔玛成功秘诀剖开来看，细节的轨迹在降低成本工作中起着决定性的作用。细节已经成为企业成本管理工作中最厉害的法宝。只有关注点在细节的轨迹里面，才能真正体会到获取成本优势的喜悦。

然而，也有一些企业在进行成本改进的时候，并不是依据于成本的细节去执行，不是从小、从繁、从严制订成本管理细节运行的计划，而是完全无视于细节，把降低成本仅仅停留在一些表面工作上，结果惨遭失败。

在这方面，沃尔玛的竞争对手凯玛特的破产遭遇，也许会让人有所领悟。

1970 年，凯玛特在美国零售商中排行老大，销售额是当时沃尔玛的 15 倍。到了 2002 年，凯玛特百货公司却申请破产保护。有专家分析，正是在每一个细节上凯玛特都略逊于沃尔玛，最终导致了凯玛特失败的结局。比如，在广告模特方面，沃尔玛的广告模特均是自家店员或员工的子女。而凯玛特却反其道而行之，高薪请来名模，结果，凯玛特的广告费占总运营费的 10.6%，沃尔玛却只占 0.4%。

所以说，降低成本绝不应该忽视对细节的处理。只有细分每一个成本环节，并关注于每一个细节，降低成本才能产生实实在在的效果，给企业带来竞争力。

在福特公司的一个车间里有一道工序是印模操作，在这道工序中，有 6 英寸的圆铁片被切掉，然后扔进了碎屑中。垃圾工每天都要清扫出很多这样的废料，工人们觉得很心疼。

后来他们想出办法把它当成圆盘使用，发现这种铁片的大小和形状正好适合做散热器罩，但是这种铁片却不够厚，于是他们把铁片的厚度增加一倍，结果发现他们这样制作的罩子比用一块铁片制作出来的要更硬些。

这样福特公司每天就可以得到 15 万只这样的盘子。

通过废物利用，就不用购买新的盘子，每只能节约 10 美元。

福特公司需要大量的煤。那些焦炭从焦炭炉里通过机械传送装置送到高炉里。低挥发性气体被从高炉里送往电厂的锅炉中，这些气体和锯屑、刨木花一起燃烧。锯屑和刨木花是从车体厂送来的，另外那些焦炉烟气，即炼焦时的灰尘，也被当作燃料了。这样蒸汽电站便完全是用废物作燃料。

焦炭炉的另一种副产品是煤气。这些煤气可用作热处理，即用于搪瓷炉等地方，从而不必再去买煤气。

阿摩尼亚硫酸盐可用于制作肥料。苯可以用作汽车燃料。焦炭的碎末

不适合高炉用，便卖给工人，以比市场价低得多的价格送到他们家里。

不光如此，福特还从很多方面进行节约，运输、发电、煤气、铸造成本等，福特的原则是，从节约每一分钱开始。因为这里攒一分钱那里攒一分钱，一年就能凑成一笔大数目。

有很多企业一直都在讲节约成本，可到头来，好像并没有降低多少。原因就在于此，这些企业总认为节省这一点儿不会改变什么。可事实上，正是这点点滴滴、一分一分才构成了企业降低成本的基础。

正所谓“不择小流方以成大海，不拒抔土方以成高山”。由此可见，通过成本控制获得巨大成功的企业，无一不是得益于对于细节的关注和追求，把成本管理工作的每一个环节都进行细节处理。对于成功的优秀企业是如此，对于业绩平平的普通企业来说更是如此。

要善于盘活资金

“流动的钱才能生出更多的钱”。现金是企业的生命线，企业手头可供随时支配的货币和活期存款能否为生产经营提供足够的现金，对企业是生死攸关的大事。

著名的奥斯伯乐公司就是因现金风险导致破产的一个典型例子。

1970 年，亚当·奥斯伯乐开办了自己的计算机咨询公司。20 世纪 70 年代中期，个人计算机市场突然兴旺起来。亚当也脱颖而出，成为一名出色的咨询专家，并且一度成为计算机行业杂志封面的常客。亚当完全掌握了计算机市场的发展，只是，对个人计算机生产商的价格政策不满，认为他们只知道对每件新产品提高价格，而完全忽视了市场的实际承受能力。

1981 年年初，亚当·奥斯伯乐决定把自己的设想付诸实践，他宣布将制造一种价格明显低于市场平均价格的个人计算机，这引起了众多人的嘲讽和怀疑。他的第一批产品计划在当年七月份上市。

奥斯伯乐雇用了李·费尔森施泰因，让他设计出了一种高级的便携式计算机。它重量较轻，而且便于携带，可以装入公文箱，还可以安放在飞机座椅之下，这是第一种便携式商用计算机，比其他的便携式计算机先进许多。

为了削减软件的成本，奥斯伯乐不同于其他生产商，他完全依赖于独立的、用流行语言编写程序的软件公司。为了进一步降低成本，奥斯伯乐还将一部分产权分给软件供应商。这样，奥斯伯乐将价值1500美元的软件费用分摊到1795美元的整体价格中去了。

1983年，大约4750家零售点里摆上了奥斯伯乐的便携式产品，包括计算机世界销售网、施乐的商店、西尔斯的商业中心以及其他综合商店等。1983年年初，公司增加了150个办公室自动设备销售商，以面向小型或中型客户。

由于奥斯伯乐公司规模不断增大，雇员已超过800人，为了保证公司的领先地位和80% ~90%的市场占有率，公司雇用了原统一食品公司的董事长罗伯特·约尼克出任公司的董事长兼总经理，奥斯伯乐则出任主席。

由于竞争者们开始进入便携式计算机市场，推出了许多比奥斯伯乐价格更低、更先进的计算机，奥斯伯乐便决定增加产品品种。公司设计了价格低于奥斯伯乐一号的型号——威克森。“经理一号”开始上市，同时计划当年夏天推出“经理二号”，这两种型号的屏幕和存储量都比奥斯伯乐一号大。“经理一号”总价值2495美元，其中软件价格2000美元，包括文字编辑、数据程序。“经理二号”售价3195美元，奥斯伯乐公司称这种计算机可同IBM公司销售看好的IBM—PC机相匹敌。

1982年，奥斯伯乐公司共花费了350万美元的广告费，其中杂志广告费用为150万美元，电视广告费用为50万美元，其他商业出版物广告费用

为150万美元。为了突出产品形象，公司计划进行更多的广告宣传。销售力量也根据公司当时的发展状况有所增加，原来由8人组成的销售部门扩大到30~40人，从而强化了产品销售。

奥斯伯乐公司的前途似乎是无可限量的。但是，仅仅在几个月后，不祥的预兆就到来了。1983年3月26日，亚当·奥斯伯乐在参加科罗拉多的一个讨论会时接到一个电话，向他报告说："在本周末我们出现了亏损。"这一坏消息让奥斯伯乐难以置信。

3月底，2月的结果终于出来了，果然，公司不但没有达到预期的利润值，反而亏损了60多万美元，这主要是由于新增了设备以及进行了大量广告投资。3月尽管销售额有一亿多美元，但这一月公司共亏损了150万美元。

更坏的消息还在后面。由于过多的库存积压、不利的软件合同以及大量的债务，4月24日新的预算结果表明本季度财政损失达500万美元，全年达800万美元，这天约尼克不得不决定取消股票的上市。随后，每份报告都表明形势更加恶化。最后一份报告指出全年将亏损1200万美元。

以前，奥斯伯乐公司要寻找金融投资家并不困难。事实上，那些投资家是争着要为公司投资的。公司的利润减少之后，资金也开始短缺。只有少数几个投资者对奥斯伯乐还抱有希望，公司在6月份筹集到1000多万美元资金，但是却再也无法找到另外2000万美元来完成公司认为非常有竞争力的产品的设计与生产。

奥斯伯乐公司为了节省资金只好不断解雇员工。到了9月16日，这出戏实在难以演下去了，最后只好按《破产法》第十一章登记，以免受债权人的起诉。

尽管人们早已知晓奥斯伯乐公司的利润不佳，急需资金，但它临近倒闭的消息还是惊动了整个计算机行业。在6月的订货泡汤以后，奥斯伯乐公司开始四处忙于贷款，但是，此时的投资者都远远躲开了这个失败者。

奥斯伯乐公司终于被现金风险击倒了。

在经营过程中，私营老板常常只对公司的主要财务指标，如资产负债率、净资产收益率等感兴趣，而忽视了指标掩盖下的问题；过分注意利润和销售的增长，而忽视手中掌握的现金。固定资产投资过多，使公司的变现能力降低，导致资金沉淀；公司规模盲目扩张，缺乏相应的短、中、长期计划，都会导致公司发展的失败。因此，私营公司在超速发展过程中必须十分注意防范现金风险。

一般来说，私营公司现金风险包括以下几方面：片面重视利润和销售的增长，忽视手头可以使用的现金；原材料库存占用资金过多，债务额增长过快；资金被过多的固定资产投资所冻结；急于求成，盲目扩张而不考虑时机和资金能力。

私营公司防范风险，保持手头现金主要应从加强管理、预先防范上下工夫，具体来说可采取以下措施：

（1）在原材料供应淡季，争取从供方以打折后的价格进货。

（2）采取有效措施，控制和回收应收账款。

（3）增添土地、建筑物和生产设备等固定资产时尽量采用租赁方式，减少现金支出。

（4）由其他专业化企业提供配套产品和后勤服务（例如设备维护等），不要“万事不求人”，搞“小而全”。

（5）严格控制原材料和成品的库存量，避免超额储备。

（6）不将现金冻结在对近期利润增长没有多大作用的大额订单上。

（7）减少微利产品的产量，控制对降低成本没有多大作用的订单数量。

（8）预先准备好企业技术改造所需资金，以免临时挪用流动资金，影响正常生产。

有一个合理而健全的财务规划

当公司发展、利润增加时，成功的管理者周围的一切都处于不断变化之中，这些变化使管理者面对很多终将对公司财政情况产生不良影响的未知数。面对这些变化做出有效的防范，必须理解财务计划，并且很好地加以运用。

多数公司的管理者直到发生严重问题以前，很少过问其财务活动。尤其重要的是，企业老板不愿或者不理解公司各方面的财务活动。因而，在很多公司中，用于讨论制订财务计划的时间可能每月只有一个晚上。

为了制订一个简便可行的财务计划，私营老板必须在顾问的帮助下，开发和运用前面讨论过的那些财务手段。他必须掌握每月或每季的损益表和资产负债表，这些报表应归档，至少保存5年。这样，私营老板能考察以前的实绩记载。在考察这些报表时，公司管理者应该作些笔记，以评判公司实际的好坏。老板应将这些笔记与报表一起保存，以备考察之用。

一旦占有了一段时期内的财会资料，老板就有了制订财务计划的基点。他们能了解、扩大销售量、开发新产品、增加促销费用和广告、添置设备、不动产交易、新的信用方针、新定价方案、新的存货方案等一类项目对损益表、资产负债表和现金流转报表对财务效果的影响。粗略地估算几个财务数字以及反映新方案对公司未来的损益表、资产负债表和现金流转报表的影响，并不是十分困难的。即使是粗略的数据，也能迅速说明公司可能的盈亏及其产生的财务问题。

私营老板应该制订一个财务计划。这个计划规定什么样的销售和毛利水平，可能增加的间接费用；什么样的销售和毛利水平，他必须减少开支。只有这样，他才能清楚地知道，应采取什么策略去保持公司的成功运转，应采取什么策略来盘活资金，没有财务计划将会发生什么情况呢？从下面这个关于布鲁斯电子批发公司的例子中可以找到答案。

多少年来，布鲁斯·金把公司弄得一团糟。他直接管理他的内外销售力量、仓库和办公室。布鲁斯雇用的每个人都必须工作很长一段时间才能适应他建立的工作模式。公司每年用于投资的资金很少。布鲁斯已拥有40万美元的资本净值。过去两年里，布鲁斯取走工资4.2万美元，税后利润仅剩下2.3万美元和1.95万美元，如此布鲁斯发现公司资金短缺。

布鲁斯终于与会计师和银行家讨论了他的问题。这两个人都说他们对公司不甚了解，因为布鲁斯从未与他们交换过意见。尽管公司过去成功了，但它似乎沿着一条前景未卜的路线踉跄前进。

银行家和会计师认为：过去4年布鲁斯的投资收益率非常低，存货太多，很多都是过量储存或过时的存货。

由于“超过90天”的过期账太多，应收账款占用了大量资金；新建建筑物由于太大和选址不当而造价昂贵；虽然营业费用低，但毛利4年来一直下降，一些产品系列的毛利水平很低；得到的购置贴现太低，因为布鲁斯·金没有借必要的资金（其实是很容易做到的），他也没有指示记账员接受所有的购置贴现。

事实上，布鲁斯·金已不能适当地管理其公司的财务。虽然他的间接费用很低，但毛利仍被迫下降，因为竞争增加，而且没有制定新产品战略。在顾问们的帮助下，布鲁斯·金计划雇请销售管理者，指导公司内外的销售工作。这样，他得以解脱出来寻找可经营的新产品系列、减少现时存货以及更迅速地收回在外应收账款。

由于没有制订财务计划，布鲁斯·金付出了极大的代价。没有盘活资

金，致使投资收益率下降。只有制订好财务计划，小公司的总经理才能及时了解资金运用情况，才能采取各种措施来盘活资金，以达到更高的资金投资收益率。

第六堂课

业务开拓：
营销是创业者的开山斧

为客户而改变是创业的不变法则

对任何一名想要创业的年轻人来说，一定要记住一点，那就是应该把焦点聚焦在客户的身上，随着客户的改变而改变。这一点可以说是创业成功永远不变的法则。为什么这么说呢？因为，无论你的想法多好，想要成功，都有一个前提，那就是你所生产的产品以及提供的服务要由客户埋单。

为客户而改变，是企业进行一切经营活动的出发点，企业不仅要满足顾客的基本需求，还要为顾客提供附加价值；只有把顾客的需求放在首位，围绕顾客的需求提供产品服务，不断满足顾客，并在可能的情况下超越顾客的需求，才能使企业永续经营；只有在顾客提出需求的时候，想方设法予以满足，才能保证企业的信誉不受损害，继而获得更大的发展机会。

好的产品不仅需要有别于其他产品的特色，更重要的是它必须能满足顾客的需求，这需要公司不仅要想顾客之所想，还要想在顾客前，做在顾客前，坚持“从顾客中来，到顾客中去”的原则，做顾客的最佳听众，了解顾客的需要，正确认识市场，把握准确的时机，并根据顾客的要求及时组织生产和销售，提高企业的生产效益和营销效率。

从 1985 年联想汉卡的应运而生，到 1996 年联想抓住奔腾取代 486 的机遇连续四次降价，再到中国第一代因特网电脑“天禧”的诞生，几年前联想又推出了自主研发的“LEOS”操作系统和双模式电脑，进一步对家用电脑市场需求进行细分，推出“锋行”“天骄”“家悦”等几大类满足不同人群需求的电脑。

在这个过程中，联想终始注重市场，关注消费者的需求，从而致力于研发和生产有特色和技术领先性的产品，领先于国内其他厂商半年到一年，而这些创新更多是围绕消费者应用方面进行的。

此外，随着时代的变化，德国宝马汽车公司一改过去单方面考虑技术能力和先进性标准，将消费者的感情因素、审美因素及个性因素等作为产品开发的重要指标，先后为运动炫耀型、享乐主义者、实用主义者、传统型等不同类型消费者，提供满足其不同心理需求的汽车；美国奥尔康公司生产的儿童玩具布娃娃千人千面，并注明出生（生产）年月日、性别、手印、脚印，还盖上“接生婆”印章，并要求购买者在购买时签领养证，使这一产品成为人们心目中有生命的婴儿，给许多成人和儿童带来极大的心理安慰和快乐。

从这些著名的公司企业中，可以看出，他们的每一款产品皆以消费者的需求为导向，而并非单纯地生产出产品，供消费者选择。所以，现代企业必须站在顾客的立场，时刻把握顾客的需求脉搏、流行时尚和细微变化，真正使“顾客利益高于一切”的口号落到实处，不断提高顾客的生活品质。对顾客，要真正关心他的需求，把顾客的利益放在首要位置。不论是联想还是其他公司，将为客户利益而努力创新作为自己的使命，就能够创造出真正适合消费者需求的产品，扩大自己的销售和生产，进而壮大自己。

将客户的抱怨放在心上，不要置若罔闻

在实际的经营活动中，无论你做得怎么好，都会有客户有所不满，会有所抱怨。对此，有的人可能不以为意，并不认为客户的这些不满与抱怨会有什么不妥，甚至还会采取一种忽略的态度。

像这样做，表面上看起来似乎没什么，但在这儿要告诉你的是，客户

的这些不满与抱怨，如果不能及时处理，势必会影响到你的事业，还有可能令你精心创造的事业就此夭折。因为，客户的这种不满，会像病毒扩散到他所熟知的每一个人之中，然后他所认识的人又会转告给自己所认识的人，如此一来，企业的形象岂不大跌，在人们的心目中留下一个不好的印象。试想一下，他们会再次光临，会产生购买吗？

客户，是企业的衣食父母，是决定企业能否得以壮大成长的土壤。客户流失了，生长的土壤都没了，企业能做起来吗？接下来所要讲述的事例，能够让你更为深刻地认识到这一点。

有一天，某家食品生产公司总部接到了一个投诉电话，对方是一位中年妇女，她怒气冲冲地说："你们的饮料中怎么会有别针？你们必须给我一个合理的解释，否则我就起诉你们，并将这件事向媒体公布！"

接到这个电话以后，该公司负责人当时就蒙了，饮料里怎么能出现别针呢？这家食品公司一时如丈二和尚摸不着头脑，不知道怎样回答投诉者的问题，他们也非常清楚，如果投诉者将这一事件宣扬出去将会给企业带来灭顶之灾。所以，该公司的高层领导对此非常重视，立刻成立了一个调查组，连夜奔赴出事地点。

在这名投诉的消费者的确认下，调查组找到了零售商，然后又顺藤摸瓜找到了当地的生产商。厂家虽然找到了，但新的问题又出现了，调查组认真仔细地检查了这家加工厂，可结果发现工厂生产条件极佳，环境干净卫生，工人也极为负责，根本不可能将别针放进饮料里。那么，问题绝对不可能出在公司里。

基于此，这家食品生产公司便向消费者告知了调查的结果，并声明问题绝对没有出在公司方面。听到公司给出自己的竟然是这样的答案，消费者感到十分的气愤，如果照公司人员这样说，那么问题就只能出在自己的身上了。这名消费者认为公司这样的结论是对消费者人格的污辱，她无法接受，也不能接受，便要求食品生产企业重新给自己一个交代，否则他们便将对簿公堂。

然而，出于对公司生产质量的信任，公司领导层决定对此不予理睬，他们自信问题绝对不在公司生产方面，所以，他们对这名消费者的要求也不耐烦地拒绝了。如果消费者硬要将此事扩大，那么届时就只能请专业的调查组了。

可想而知，消费者看到该公司的态度是怎样的心情。事情终于还是扩大到了法庭，进而扩展到了社会之中。虽然后来的事实证明，问题的确不是出在企业的生产方面，也不是消费者的问题，但这家公司对待消费者的态度却让许多顾客感到难以接受。

在随后的一个月，这家食品生产企业的营业额迅速下降。数据显示，当月的销售额比上月降低了30%。

怎么样，现在你已经知道了不能及时地处理客户的不满与抱怨给企业所带来的严重后果吧！作为年轻人，你或许有着伟大的理想与抱负，想要成就一番事业，但你在创业之时，千万不要忘记：企业对消费者的态度，关乎销售、赢利甚至是企业的生存。耐心不仅是企业提供优质所不可缺少的，它更是企业对消费者负责任的体现。本着这样的原则服务于消费者，那么你就能赢得客户的心，最终能够创造出自我的一番伟业。

尽可能多地结交同行业中的大老板

即便你很聪明，自身的能力也极其优秀，创业的点子也很好，但拥有这些，并不一定就能保障你能够获得成功。你要想创业成功，除了加强自身各个方面的修炼以及努力之外，还应当尽可能地结交同行业中的大

老板。

结交这样的人，不仅能够从中获取他们在创业之时的经验教训，还能够知道自己所在行业的发展趋势，更为重要的是，还能够得到他们的提携与帮助，进而避免前人所犯的错，借助他人的经验以及力量较为容易地获得成功。

当初，黄仕灵只身一人从大陆到香港来谋生，那时的他可真谓是赤手空拳，但是他很巧妙地借各种人际关系，在贵人的支持下创办实业，成了一个大富豪。那么，他是如何赢得贵人帮助的呢？我们不妨翻一翻他的创业历程吧！

黄仕灵，1949 年出生于广东江门。“文化大革命”期间，黄仕灵从江门三中初中毕业，相继被安排到炼油厂、化工厂、石矿场等地做工。头脑灵活的他在工作之余，学修收音机、电视机等，借机赚点小钱。

1977 年恢复了高考制度，他到江门夜大借晚上时间修读机械维修、电子技术等课程，很快他便考取了电工证。但这也没有办法把他带进电子厂或者令他从事电工的工作，所以他只好继续修理电器。

善于结交的黄仕灵在一个偶然的机会中结识了一位港商，双方很投缘，便合伙开设了“江门电视维修中心”。港商出资本，买来测试仪器。黄仕灵则以技术入股。黄仕灵每个月赚到的钱一下子从几十元增加到了二三百元人民币。

1982 年，黄仕灵拿出多年积攒下的数万元人民币，申请做承包商，采取来料加工的形式，帮助港商生产录音带，并且装配收音机，同时兼设维修中心。忙碌了一年下来，收获相当丰硕，纯利润竟高达数十万元。

黄仕灵 1983 年成立贸易公司，短短几年时间就和国内外经销商建立起了一张宽大的业务网。在这期间他被准许可以经常来往于港澳，与港商加深了了解，建立了友谊。

1987年他被获准移居香港。临行前，他把这几年中赚的钱全部留给家人，自己单枪匹马闯香港。可是，身无分文的他赴港想做生意，本钱从何而来呢？而巧的是他的那位港商朋友了解到这些，立即借给他30万元港币。在黄仕灵抵达香港后，这位港商还安排他在酒店的食宿。

黄仕灵拿到钱后，立即寻找生意机会。当时香港炒卖棉纱之风愈演愈烈，于是他回江门办了一批棉纱回港，果然不错，这第一桩生意就赚了好几万元。

港商慷慨相助，到手的30万元借款成为了本钱，使他旗开得胜。但黄仕灵绝对不是见好就收的人，他胸怀大志，决定要在此实现自己的梦想，一定要办一间像模像样的贸易公司。于是他就在红鹤园街，买下一个面积3000多平方英尺的写字楼，预付款就付了20多万元。接着，他雇了几名员工，就这样成立了东宁集团，开始了做电子零件的生意。仅当年下半年，他就赚了100万元。

东宁集团1989年上半年做了上亿元的生意。不过后半年因种种原因，生意出现了下滑。这一次，又是在港商的帮助下，到了1990年业务就完全步入了正轨。东宁继续和中国内地保持生意关系的同时，他们还从韩国和日本购进电器产品，有时也从中国香港进货，包括电子以及音响等，销往大陆。

东宁集团不断地发展扩大，又在广东江门合资成立了凯歌电子电器公司以及江宁电器公司，制造加工电视机与音响设备。东宁集团同时还在国内进行物业发展投资，业务越做越大。

每一个怀有创业梦想的年轻人，不仅要自己主动结交同行业中的大老板，更应该让大老板乐意走到你的身旁，如黄仕灵实实在在的工作风格，便是成功借助大老板帮助的资本。何不发挥你的所长，吸引成功路上的贵人们来相助！

能够得到同行业大老板的帮助的确可以为自己省去很多力气。但并非每个人命中注定会有大老板相助。所以，那些没有大老板相助的人就要开始寻找大老板了。在寻找的过程中，还要注意一些事项。首先，你要明白，你所寻找的大老板不能是令你嫉妒之人，他应该是同行业中的佼佼者，也是真正让你景仰的人。

创业者应该学会和不喜欢的人相处

人皆有七情六欲，有着自我的喜好，在与人交往的过程中，我们总是喜欢跟自己喜欢的人交往，而对于不怎么喜欢的人则保持一定的距离，甚至在言行举止之间表现出对对方的不屑。喜欢跟什么样的人交往，是人的本性，似乎并没有什么，但在这儿要告诉你的是，如果你想成功创业，并做出一番的成就，就应当抛弃掉自我心中的好恶，即便是自己不喜欢的人，也要学会跟他们相处。因为，企业不是一个人就能做好的，更不是我们自己一个人的事，剔除心中的好恶，学会与人和谐相处，不仅仅有利于将优秀的人才聚拢到自我的身边，形成强有力的竞争创业团队，同样因为你对待他人的这种态度，会让你轻易地走进客户之中，发现到消费者的真正需求，进而使得消费者得到更好的满足。

中国古代有“三顾茅庐”的典故，刘备因为放下了“皇叔”的架子，而“低三下四”地求诸葛孔明出山，最后凭借孔明的力量建立蜀国。而现代社会同样也有“放下架子礼贤下士”的人，这个人就是世界轮胎帝国的缔造者——普利司通，而他所“礼贤”的人就是有着轮胎发明的洛特纳先生，普利司通以及他的企业在洛特纳先生的支持下，成功缔造了轮胎帝国。

普利司通初到橡胶城亚克朗来打拼天下，虽然由于没有自己的核心技术效益并不佳，但在周围，他还是大名鼎鼎的人，可是当他遇见洛特纳先生的时候，对方还只是一个在轮胎厂当搬运工的酒鬼。

那天，普利司通觉得工作太累，平时从不进酒吧的他破例进了酒吧喝酒。可是他还没有坐下来多久，店堂里就传来阵阵哄笑，循着笑声，他看见一个脸上抹着灰，把裤子当围巾披在肩上的青年，正东倒西歪地走着，一副滑稽不堪的样子。只见他没走多远，就被椅子腿给绊倒，东倒西歪的身体立刻和地板发出了“砰”的声音，众人的笑声更高了。不过在笑声背后，还是有一个同情的人说了一句话：“唉，天天如此，一个标准的酒鬼，搞发明真是害死人啊!”

“搞发明?”敏感的普利司通心中一亮，刚想离开的他又停了下来，他想弄明白洛特纳到底发明了什么东西。

“不太清楚，好像是有关橡胶轮胎方面的。”那人回答道。

“他叫什么名字，他是发明家吗?”

“洛特纳。不过没有人叫他这个名字，大家都习惯性叫他醉罗汉，因为他几乎每天都会喝醉。”听到这里，普利司通似乎明白了这个人心中的苦楚，他很想和他聊聊。可是等他匆匆走出酒吧，已不见那青年的踪影。懊丧不已的他回到酒吧打听到了洛特纳的地址，第二天一早就找上门去。那是一家规模很大的橡胶厂，洛特纳正在费力地搬运一捆材料。

“你是洛特纳先生吗? 我今天特地来拜访你。”普利司通笑着对正在搬运的洛特纳说。

“我不认识你。”洛特纳冷冰冰地说，露出警觉的目光，这样的反应出乎普利司通的预料。但是普利司通并没有理会对方的傲慢，而是继续和洛特纳说话，可是更没有想到的是他竟然掉头走了。

铁定心的普利司通决定在厂门口等待洛特纳先生，并且是一直等下去，直到他出来为止。从上午10点等到12点，出去吃午饭的工人又回来

了，却一直没有洛特纳的身影。即便如此，普利司通还是不敢离开，生怕错失了洛特纳。到下午5点，几乎所有的工人都下班走了，但还是没有见到洛特纳。普利司通又饿又累，就躺在路边的水泥座上。他横下一条心，洛特纳早晚要下班的，不见到洛特纳，他就不走了。

直到晚上6点多，洛特纳才慢悠悠地从厂门口走出，望眼欲穿的普利司通又惊又喜，一下站起来，可是在他站起来的那一刻，顿感两眼发黑，几乎摔倒，走到身边的洛特纳一下子扶住了他。

"你不舒服吗，普利司通先生?"洛特纳的口气似乎亲切了许多。

"你让我等得好苦!"

"我知道。"洛特纳低垂着脑袋说，"我已经出来三次了，可是每次都看见你等在外面，我又回去了——开始是不愿见你，到了下午，觉得难为情不好意思见你，所以……"

普利司通不需要洛特纳的解释，只要他能答应见自己，就是最大的成功。他的诚意终于感动了对方。两人到酒店共饮畅谈，越谈越投机。

"你发明的究竟是什么东西?"普利司通单刀直入地问。

"是能使轮胎与汽车钢圈密切接合的装置，这个装置能使轮胎不易脱落。"洛特纳非常失望地说道，"这是我费尽心血研究出的东西，不仅没有人要，别人还拿它来取笑我，以为我是骗子，到处骗钱。"

听了洛特纳的话，普利司通心里非常难受，一边安慰洛特纳，一边让他加入到自己的公司。最后，对方同意了，并且有一种相见恨晚的感觉，互相将对方引为知己。而洛特纳也有感于知遇之恩，下决心帮助普利司通打天下。普利司通的资本和洛特纳的新技术一结合，就立即产生了巨大的效益，他们制成了一种不易脱落而且储气量大的轮胎。

后来，普利司通通过各种途径将这种轮胎介绍给了当时的"汽车大户"——大众汽车负责人福特，并且经过一系列的努力，福特接受了普利司通的轮胎。装上新轮胎的福特车起飞之日，也正是普利司通的橡胶公司腾飞之时。

此后的几十年间，普利司通公司逐渐成为世界汽车轮胎业的霸主，这一成绩的取得与普利司通放下架子、礼贤下士的精神是分不开的。

创业成功的基础是什么？不就是对内得到全体成员的支持，对外俘获消费者的心吗？摒弃心中的好恶，学会与人融洽相处，不就是协调和处理好内外部关系的利器吗？

“攀龙附凤”，巧借名人做广告

名人之所以能成为名人，除了一些人是由于先天的因素（比如美貌），更多的是离不开个人后天的努力，他的成名很大程度上也是对其付出努力的肯定。而且在此过程中，社会造就的因素也不可少，所以名人通常具有较强的感召力。既然名人是众人关注的对象，他往往有着一呼百应的作用。在创业的时候，如果我们能够跟名人拉上关系，无异于给你的企业请来了一尊“财神”，传媒自然会为你免费宣传，新闻、广告效应即时见效，达到名人效应的效果。

河南新谊集团，利用故乡情，将河南姑娘、世界乒坛皇后邓亚萍请到新谊旗下，为其产品“魔力王”口服液做广告，是成功的企划案例之一。

新谊集团为了树企业形象，扬“魔力王”的名气，经过精心策划后，决定聘请邓亚萍为新谊集团的名誉总经理。

1993 年 3 月，邓亚萍初任故乡新谊集团名誉总经理的新闻发布会在北京召开，邓亚萍在会上发表“就职演说”时说：“从现在起，我就是新谊集团的一员了。在今后的比赛中，我要尽力多拿金牌，为祖国争光，为新

谊集团争光。同时也希望新谊集团全体员工团结奋进，多拿产品金牌。”同年8月，邓亚萍专用补品“魔力王”口服液新闻发布会在郑州举行，邓亚萍这个名誉总经理也专程从北京赶来出席，并发表了热情洋溢的讲话：“我以十分激动的心情，感谢新谊集团把最好的产品‘魔力王’口服液作为我的专用补品。球台如战场，‘魔力王’使我有充沛的体力，保持了良好的竞技状态。我将把‘魔力王’送给我的同行、朋友，让‘魔力王’走向全国，走向世界。”

世界乒坛皇后的名人广告效应，使新谊集团在1994年短短一年时间里，创年产值10多亿元人民币。

我们每个人，通常都会有这样的心理，名人生活的环境与常人不一样，与名人有联系的事物必定是不一般的，基于这种心理，人们纷纷追逐、效仿名人，所以，与名人沾边的东西也就容易成为抢手的东西，流行或者时尚。因此，拉名人“入伙”，就是在为自己做宣传，就可以达到借名人的名气宣传自己的效果。

健力宝借助世界体操王子李宁的名气，适时地抓住第11届亚运会的机遇，获得赞助火炬接力活动的专利权，以260万元人民币的经费，在亚运会上大出风头，获得空前绝后的广告宣传效果，一夜之间，亚运会圣火给中国消费者点燃了两把“火”，“健力宝热”和“李宁运动服热”，从而打造了健力宝作为中国“东方魔水”的品牌形象和李宁运动服的品牌形象。

健力宝集团的前身三水酒厂，是一家濒临破产的有100多位员工的小酒厂。在厂长李经纬的带领下，用了10个月时间，经历120次试验，研制出一种色泽柔美、气味清香可口的新型运动饮料。但是，要把这种饮料推出市场，让消费者接受，还需花费一番心思，要走的路还很长。

由于李经纬和体操王子李宁早有交往，并且李经纬曾和李宁做过一次深谈，得知李宁退役后最大的心愿是办体操学校，培养体操人才。这使李经纬想起外国一个著名运动员退役后创办运动鞋厂的故事。他深知，如果李宁退役后能够加盟健力宝，以他的知名度，定能为健力宝创造极大的社会效益。

在世界体操王子李宁退役后，李经纬力邀李宁加盟健力宝集团，并为他创建了李宁运动服装品牌系列，这消息引起社会的巨大震动。李宁加盟健力宝不久，在北京举办的第十一届亚运会已到了倒计时阶段。但是，那时国内企业对赞助亚运会并不热心。火炬接力是国际大赛必不可少的一个重要仪式，国内却没有一个企业主动站出来响应，倒是有4家外国公司提出承揽火炬接力的专利权，其中一家是韩国汽车公司，愿意出资250万美元包揽火炬接力的专利权。这时候，有人提起健力宝，他深知李经纬的胆识与气概，意料他不会放过这样好的时机宣传自己的产品。与此同时，国家体委也公开表示，希望健力宝带个好头，大力支持亚运会。

火炬接力活动只是亚运会的前奏曲，值得投放如此大的赞助费吗？李经纬心里没底，迟疑不决。李宁说："我知道有个国际惯例，任何大型国际运动会的圣火点燃活动，各国都希望赞助此项活动的是本国的团体或企业，如美国洛杉矶奥运会，许多家外国公司都出高价竞投圣火接力活动的专利权，但美国奥运会筹委会宁可接受一家出价较低的本国企业，也不让国外企业承揽此项活动，这是国家的尊严问题。我想，我们不一定要出250万美元与韩国企业竞争，亚运会筹委会会衡量利弊的。"

李经纬惊奇地望着李宁，高兴地说："按你意思，你会怎么做？"

李宁告诉李经纬，他可以去北京谈，争取一个公道的价钱。李经纬同意李宁的看法。李宁随即飞往北京，向筹委会表达了健力宝的意向。一个月之后，亚运会筹委会宣布健力宝赢得亚运会火炬接力的专利权。其实，健力宝支付的赞助费是260万元，而李宁本人则被委任为西藏念青唐古拉火炬接力的第一站接力手。

第11届亚运会圣火接力活动由健力宝独家赞助。为了做好这项具有历史意义的工作，健力宝集团成立了以李经纬为总指挥的4个护送小组，分头奔驰在4条圣火接力的路线上。在为期一个月的圣火接力活动中，国内外观众——不管是现场观众还是电视观众，高达25亿之多，使健力宝饮料和“李宁”牌运动服人气飙升，深入人心。

在第11届亚运会开幕式上，健力宝的广告悬放在最显眼的位置；吉祥物“熊猫盼盼”印有健力宝的商标；李经纬的镜头和“李宁”牌运动服的镜头也频频出现在荧屏上，给亿万观众留下了深刻的印象。在亚运会开幕的第3天，就有一位法国商人主动来跟健力宝联系，并要求做健力宝法国的代理商，还签订了代理协议和订购合同。

亚运会结束后，俄国、泰国等国的商人慕名而来，洽谈在本国设立健力宝分厂的意向。由于亚运会良好的广告效应，海内外客户纷纷前来订货，出人意料地迎来了一股汹涌澎湃的“健力宝热”和“李宁运动服热”，健力宝集团取得了前所未有的经济效益。尤其是1990年10月底在郑州举行的全国糖烟商品秋季订货会上，“健力宝热”被推上了一个高峰，几天之内健力宝订货量高达7.5亿元人民币，打破了健力宝成立以来最高的订货纪录；同时，“李宁”牌运动服也走进了千家万户，家喻户晓。

健力宝成功了，从此敲响了中国商家借助“名人效应”抢攻市场的钟声，掀起了更多企业不惜重金邀请名人做企业形象代言人的风潮。

拉名人“入伙”，或者请名人加盟企业，固然可以得到选择自己，借名扬名的效果。但需要提醒的是，利用名人做宣传的时候，要注意消费者的文化背景和心理承受能力，不能不顾产品的基本常识故意夸大其功效。选择名人做广告或代言人，要找与行业有关的名人，效果才会最佳。

娱乐营销，好玩的更好卖

要想扩大业务，占领市场，就必须注重营销。在这一点上，有的公司走得很顺利，有的公司却栽了跟头，一蹶不振。导致这两种不同结局出现的原因很多，但其中最重要的一点就是能否创造出戏剧性的效果。阿迪达斯服装之所以能够走向全世界，正是与其极具戏剧性的宣传有着密切的联系。

世界网球巨星伊万·伦德尔是阿迪达斯服装公司的广告代言人。正是他的几次戏剧性的举动使得阿迪达斯品牌深入人心。

在一片欢呼声中，伦德尔出场了。他照例穿着阿迪达斯服装公司为他特制的全套运动衫裤、鞋袜和护腕，拿该公司特制的球拍。

练了几下球后，比赛正式开始。由伦德尔先发球。在场的和电视机屏幕前的观众聚精会神地注视着他。可是，伦德尔不知怎的却发现鞋带松了，便跪下仔细地把它系牢。在他系鞋带的20秒钟内，他运动衫和鞋下的阿迪达斯的商标，“无意中”接受了万众的“注目礼”。

“聪明、漂亮！”电视机前的阿迪达斯总裁喜形于色，赞不绝口。

原来阿迪达斯公司早在1986年就同伦德尔签订合同，要求在今后10年内伦德尔参加的所有比赛均使用该公司全套产品，并希望他在比赛中千方百计制造或利用机会，巧妙地“做广告”。伦德尔答应尽力而为。

上述的系鞋带，不过是略施小技而已。他曾经别出心裁地搞过不少“把观众视线牵到广告”的“高招”。例如，在一次国际大赛中，伦德尔同一位“无名之辈”相遇。伦德尔在比赛中居然处处不顺手，眼看弄不好就要在“阴沟里翻船”。伦德尔急中生智，竟然想出了一个“一箭双雕”妙

策。轮到发球了，伦德尔忽然用球拍椭圆形的拍网当“枪托”，把拍杆当“枪筒”，举“枪”瞄准正全神贯注准备接球的对方，如猎人打野兔一般（当时国际网联尚未禁止比赛中使用这类小动作）！

观众先是一愣，继而爆发“哄堂大笑”。对手起先大惑不解，后来恼羞成怒，愤然离场，以后在教练的劝说下虽然又返回赛场，可由于怒气未消，发挥失常，结果“反胜为败”。伦氏“射击”的全过程被在场的电视摄像机以特写镜头“现场直播”，网拍上的商标自然也随之在亿万人眼中“大出风头。”

再看另一次伦德尔在球场上的表现：

在一次国际公开赛的决赛上，伦德尔费了九牛二虎之力，终于险胜。在扣杀最后一个球后，他可能过度兴奋，也可能筋疲力尽，总之，一下子扑倒在场地上，再也爬不起来了。在球迷们如痴如醉的欢呼声和雷鸣般的掌声中，他网球衫上和短裤上醒目的阿迪达斯的广告语与商标再次被千百万人久久注视……

可以说，伦德尔几次无意识的举动，将阿迪达斯一次又一次展示在世人面前。这些极富戏剧性的运作自然而流畅，让观众以及所有的消费者轻易地接受了阿迪达斯这一品牌。

如今的市场宣传中，在广告创意方面，很多人已经见怪不怪，但是这些颇具戏剧性的效果却往往能带来更大的宣传效应，这并非一个新字就能阐释得了。

所以，在追求眼球效应，达到宣传效果方面，我们必须投注更多的智力与脑力，只有这样，才能占据更大的市场，从而为公司开辟更加广阔的前景。这同样是公司做大做强的必要之举。

借梯登天，借事造势

在现代社会中，我们可以看到，任何热点事件都会成为媒体关注的焦点。当某一事件被媒体炒得沸沸扬扬的时候，当事人也就随着这样的宣传，成为家喻户晓的人物。正是这样的裙带关系，使得越来越多的人开始关注起热点事件来，特别是企业，借助热点事件往往能为他们带来更好的宣传效果。作为创业者，我们一定要清晰地认识到这一点，并借助这把梯子提升自我的知名度，树立自我的企业品牌形象，提升自我企业的知名度。

作为中国乳业的一头“猛牛”，蒙牛的发展势头不可阻挡，仅仅四年的时间，它就跻身中国乳业前四强，以年均递增350%的速度创造了我国乳业发展的“第一速度”，更创造了一个品牌神话。

然而，面对中国乳业的激烈竞争，蒙牛自身不仅需要迅速渗透巩固，还要面临全国区域市场二线品牌的挑战，再加上国际巨头的涌入，各品牌将面临激烈的正面交锋，进入“战国时代”，品牌突围迫在眉睫！

蒙牛为了塑造强势“中国牛”，冲击“世界牛”，还需要对品牌进行提升，其成功借助“神五”升天事件，正好达到了这一目的。

2003年10月16日6时23分，神舟五号飞船在内蒙古大草原安全着陆，宣告中国首次载人航天飞行圆满成功！在举国同庆之时，蒙牛关于此次飞行事件的电视广告、户外广告在第一时间——当天上午10点在各大城市实现“成功对接”。“蒙牛牛奶，强壮中国人”，“蒙牛牛奶，航天员专用牛奶”，仿佛一瞬间，人们就被蒙牛的标语和画面重重包围。走在路上，能看到蒙牛的巨型路牌；在公司，能看到报纸广告；回到家中，能看到电

视广告。那三个广告人物——一男、一女、一个孩子穿着宇航服高举右手的形象反复在公众的眼前出现。整个事情的发生犹如“忽如一夜春风来，千树万树梨花开”，整个事件全程策划执行演绎得极致完美。

蒙牛此次能够成功借势，靠的是对热点事件时效性的把握，靠的是完善的计划和快速的执行。蒙牛花了两个月的时间来策划这次活动，包括制作电视广告和平面广告。公司专门成立了一个“航天计划组”，每一个人负责什么，谁指挥谁，一清二楚。这次活动调动了上千个人参与。

在“神五”上天以前，蒙牛的全部广告都已经制作完毕并各就各位，只等待一声令下，广告就蜂拥而出了。蒙牛与广告公司、电视台都签订了“军令状”，在合同中注明了“‘神五’成功落地马上发布广告”的条款。蒙牛与广告商在“神五”发射的现场直播过程中一直保持着通话，并不断询问是否可以发布广告了。电视中一宣布“神五”成功着陆，全国各地的广告负责商马上启动声势浩大的广告战。

由此，蒙牛才能做到10月16日早晨“神五”落地，9点央视广告启动，中午12点以前所有的电视、路牌广告都出街的地步。

事实上，获得“航天员专用”名号的并不止蒙牛一家企业，但是只有蒙牛让消费者深刻地记住了它与航天的关系。蒙牛此次事件的造势成功，无疑是蒙牛高层高瞻远瞩的功劳，在乳业市场为“中国牛”的强壮注射了兴奋剂，先声夺人，为将来3～5年渐入佳境的乳业市场奠定了品牌基础，为将来市场的品牌之争积蓄了力量。

借热点事件造势能够使企业的信息在短时间内达到最大最优传播效果，甚至能让企业或产品一夜成名，为企业节约大量的宣传成本，无论是在投入还是在知名度的提升方面，回报率都超过其他广告形式。

获得第30届莫比广告金奖的“邦迪创可贴”的平面广告“朝韩峰会”篇，就是因为巧妙地利用了2000年夏季“朝韩峰会”这个震惊世界的话题，把人们对和平的期盼，通过“愈合创伤”的概念与品牌联系起来，从而提升了品牌的形象，促进了产品的销售。

不可否认，热点事件所产生的效应极具轰动性，而这也是商家们一直以来乐此不疲的追寻目标。借助这些热点事件，往往能为他们带来意想不到的宣传效果。

但是，并非所有的热点事件都可以拿来为自己炒作。借热点事件进行造势，关键是找准社会热点事件，它能够以适当的方式快速地把造势方案巧妙地融入事件中，激活或扩张“新闻热点”，吸引媒体和社会公众的注意与兴趣，以产生巨大的市场震撼力，明确的或隐含的扩展品牌形象，以吸引购买力。只有这样的热点事件才能真正被商家所利用，从而达到预期的目标。

那么，怎样找好热点事件，才能造好势呢？

1. 热点事件的内涵要与品牌的特征相符合

我们知道，借热点事件进行造势的基础是热点事件。2003 上海国际旅游节的重要活动之一“中华第一跳”于国庆黄金假期在著名的金茂大厦举行，来自挪威、美国、澳大利亚、法国和俄罗斯等国的 20 名国际著名高楼跳伞运动员从金茂大厦 88 层观光厅上（高约 380 米）纵身一跃，以单人跳、双人跳、多人跳等多种形式，大鹏展翅，飘逸而下，精彩纷呈，令人目不暇接。

蓝色的天空、高耸的金茂、大鸟般自由的运动员，看上去真的很美！但我们的眼光当然不止于此，我们看到这是一次非常成功的造势，通过活动加强了金茂大厦“中华第一高楼”的定位，这是金茂大厦的成功，也是上海的一次成功。

当热点事件可以与品牌形象、品牌个性相吻合时，它所发挥的威力和持续的程度远远胜于单单的事件炒作。相反，如果品牌特征与事件内涵的相关度不强，也不必牵强附会，否则会适得其反。

2. 找准造势的时机

借热点事件进行造势，强调对事件的渲染、提升和知识的融入，炒热新闻点，激活关注点。由此可见，造势能否成功，关键在于事件的时间把握得是否恰当。重大事件一般会成为一个时期的热点，有很强的时效性。因此，在利用热点事件时，一方面要有一定的前瞻性，另一方面要反应迅速。如在北京申奥成功的第一时间，海尔在中央台投入5000万元的祝贺广告在申奥成功后即时播出。反应如此迅速，足见海尔深谙造势之道。借热点事件进行造势时效是关键。

因此，当我们面对一切热点时，必须冷静地思考，做到广告收放有度，才能给人们留下深刻的印象。

3. 多种传播方式同时进行

造势与其他传播手段协同作战，包括新闻、电视广告、售点海报等，共同形成围绕“热点事件”的一个集团军。例如，自2001年年初开始“喝农夫山泉，为申奥捐一分钱”活动的同时，中央电视台一直播放的“买一瓶农夫山泉就为申奥捐一分钱”的广告，巧妙地将商业与公益融为一体。“再小的力量也是一种支持”，这是一句煽动性很强的广告语，伴随着刘璇、孔令辉那颇具亲和力的笑脸，在申奥的日子里，农夫山泉渗透在消费者的生活中。当然，也许有些人认为热点事件本身会说话，就不需要企业再另外花钱去做宣传。这种想法是片面的，因为此时企业已经吸引了大量的注意力，如果再投入一定量的广告，能比平时更容易吸引公众，可以轻而易举地使公众加深对品牌的认识。

第七堂课

管理策略：
管理有方，才能走稳创业路

不要统一人的思想，而是统一人的目标

常常听到有一些年轻人在埋怨，说创业难，最难的就是找到志同道合之人。难道说要找到跟自己一起打拼创业的人真的有那么难吗？并非如此，只不过是他们对于志同道合的认识有所偏差，认为所谓的志同道合就是什么都得一样，即便是想法都得一样。真正的志同道合，并非思想等方面的相同，而是目标的一致。如果你要想顺利创业，并取得一定的成就，就必须统一人的目标，树立一个明确的目标。

为什么这么说呢？目标就是方向，它事关整个团队及其所有成员的利益。一个团队只有树立明确的目标，才能有前进的方向和动力，才能提高团队成员的积极性和主动性，充分调动团队成员的才能，并推动他们自觉克服一切困难，一起努力达到目标。因此，明确的目标是团队高效的第一出发点。

唐太宗年间，在长安城的一个磨坊里，有一匹马和一头驴子非常要好。有一天，马被玄奘选中，上西天取经去了。17年后，马凯旋，回来看望驴子。老朋友见面，自然格外话多。说起一路上的风险和半生的体验，驴子非常羡慕，吃惊地说："太神奇了，这么远的路，我想都不敢想。"而马却说："其实我们走的距离是差不多的，我向西域前进的时候，你也一步没有停止。但不同的是，我有一个遥远而清晰的目标；而你却被蒙住了眼睛，一直围着一个磨盘打转。"

走一样距离的路程，一个由于有清晰的目标而"闻名天下"，一个因为没有目标而"原地踏步"。可见，目标就是指导行动的纲领。对于团队来讲，也是同样的道理。一个团队要想发展壮大，形成一个有战斗力的团体，首要任务就是要确立团队的目标。

通用电气公司的总裁韦尔奇的终极目标是使通用成为全球最具竞争力的企业。虽然通用电气公司在20世纪70年代获得了巨大的进步，然而，人们当时对它的印象仍然是“也可能是一流企业，但好像没有生气”。于是，韦尔奇决心改变这种现象。他于1981年4月就任公司董事长兼总裁时就说过，他打算把公司带到这样一种境地——“从现在起十年中，我希望通用电气公司被看作一个举世无双、具有企业家气质的企业，一个杰出的、无敌的、超水平的公司，我要使通用电气公司成为一个世界上获利最高的公司，并使它的每一个产品具有世界先进水平。”

正是根据这种宏大的志向，韦尔奇给自己和通用电气公司的所有员工制定了四项雄心勃勃的战略目标：

（1）通用电气公司的每一种产业，都必须在同类产品中处于世界第一或第二名的位置。

（2）通用电气公司应将其全部资源集中于真正能产生增长的产业和业务方面。

（3）必须彻底改变公司传统的产业结构，大幅度提高科技产业和服务业在公司全部产业中的比重。

（4）要实现高于美国国民生产总值增长率的发展速度。

韦尔奇的四项战略目标是通用电气公司20世纪80年代和90年代的蓝图。到了20世纪90年代，韦尔奇终于实现了他的目标。从1995年开始，通用电气公司成为世界上最有实力的公司。而创造这一辉煌业绩的通用精英们，则成为了一支团结、高效的团队。

到目前为止，通用电气公司的业绩相当惊人，韦尔奇的经营绩效已经超越美国企业界的所有主管，他所创造及试验的一些实际管理原则，足以作为21世纪全球企业的经营指南。而通用电气所拥有的那支高效而团结的

团队，也早已成为全世界无数团队的楷模。

清晰、明确的目标方向是团队在日常管理和运行过程中的行动指南，有了明确的目标，团队成员也就有了具体努力的方向。团队目标是团队生存的基础，没有目标，那么团队的存在也就失去了意义；没有目标，就不能形成团队发展的合力和动力，整个团队就会陷入瘫痪状态。

用人的最高境界是“养”人

有一个经理，在月底结算上个月的部门招待费时，发现有一千多元钱没有用完，决定请部门里的同事们到外面吃一顿，也好表示一下对员工的关心。

在上卫生间时，他听到同事小李对小马说：“你们经理对你们真是很关心啊。我看见他经常用招待费请你们吃饭。”

“得了吧，”小马不屑地说道，“他就知道用这些小恩小惠来关心我们，遇到我们真正需要他关心、帮助的事情，他没一件办成的。你拿上次公司办培训班的事来说吧，谁都知道如果能上这个培训班，工作能力会得到很大提高，升职的机会也会大大增加。我们部几个人都很想去，但经理却一点都没察觉到，也没积极为我们争取，结果让别的部门抢了先。我真的怀疑他有没有真正关心过我们。”

“别不高兴了，都过去了，”小李说，“况且有饭吃总比没饭吃强啊。”

刘经理满腹委屈地躲进自己的办公室。他想，作为中层经理，自己手中掌握的资源有限，不可能经常给员工加薪和升职，所以，他便利用手中现有的一点权力进行“小恩小惠”，来博得下属的好感，融洽人际关系，激励员工努力工作。可是现在没想到，自己的一片好心却引来员工如此的不谅解。

这段对话正反映出员工对培训机会与能力提升的需求。因为对员工而言，高效的能力才是自己长久的饭票；而对企业来说，只有员工的能力得到提升，他们才有可能为企业创造更大的效益和价值。

所以，你要想创业成功就必须认识到这一点，让你的员工的成长和企业的发展保持同步。而促进一个员工不断进步的最好方法就是对其进行全职培训，如果把一个员工的职业发展道路比作一棵树的成长历程，不同的阶段对培训“养料”的需求也会不一样。作为企业的领导者，其职责就是要根据员工不同阶段的需求进行培训，促进其不断的成长。

西门子公司内部设有“管理人员培训部”，并负责对工作人员进行观察，且定期同他们及其老板谈话，最后提出对工作人员继续使用的建议。工作人员也可以直接到该部门提出对自己培养和提升问题的建议。

我们知道，企业内部担任领导职务的人常常不愿让好的工作人员离开，但是，在西门子公司的内部，这种调动是必需的。一位未来的领导人应当尽可能每隔3~5年接受和去完成一项新的任务。很多优秀的管理人才也就是通过这种方法被发现的。

此外，西门子公司还特别设置了一个管理干部培训中心和13个基层管理培训中心，每年约有80名公司管理人员参加培训。在培养管理人才方面，公司针对三种能力（专业技术能力、激发和调动个人及团体力量的人事能力、将内部和外部利益协调统一为企业整体利益的能力）进行培训。在这三种能力中，前两种主要针对基层和中层管理者，第三种则是针对高层管理者而言的。通过这些培训，管理干部的素质和能力得到了极大的提高。

西门子公司一贯奉行“人的能力是可以通过教育和不断的培训而提高的”，因而它坚持由公司自己来培养和造就人才。西门子公司早期的培训是在车间进行的，后来建立了各类专门的培训学校，并有了专业的培训老

师。公司旨在通过针对性极强的连续培训，提高全体员工的技能和素质，树立创新精神，不断提高企业及个人所面临的挑战。

到今天为止，整个公司在国内外拥有600多个培训中心，700多名专业教师和近3000名兼职教师，开设了50余种专业。在公司的全体员工中，每年参加各种定期和不定期培训学习的多达15万人。为此，公司每年投资6亿~7亿马克用于培训及购置最先进的培训实验设备。

西门子公司的培训内容包罗万象，课题针对各个部门和员工的实际需要。为适应技术进步和管理方式的变化，课程内容每年都有20%以上的调整，大部分培训项目都是根据公司当前生产、经营和应用技术的需要设置的，很大一部分是在工作岗位上完成的。

西门子公司认为，员工技术是否熟练、技术专家的多少，是增加生产、保证质量、提高竞争力、赚取最大利润的关键，所以他们十分注意企业内的员工技术教育。现在，西门子公司在德国同行中技术力量最为雄厚，公司主任以上的领导人都具有工程师以上的头衔，经理领导层中，工程技术人员占40%以上，熟练工人占全体员工的半数以上。

员工素质与能力的普遍提高是企业不断发展壮大的根本保证。培养员工，使他们迅速成长与进步，就成为老板的一项重要基本工作。一个成功的老板，不仅要求他具有高能力，也要求团队的每个成员具有较高的能力。

让员工尽可能地得到培训的机会，从而使其能力与素质得到普遍提高。这是现代老板管理员工的重要条件。深明此点，管理方可有效得多，也有用得多。

干部永远是让CEO最头痛的问题

管理者授权，不是把权力放下去以后就撒手不管，撒手不管的结果必然是局面失控，而失控会抵消授权的积极作用，后果不堪设想。那么，怎样授权才是最有效的呢？美国一位著名管理学家说：控制是授权管理的“维生素”，授权管理的本质就是控制。所以，充分授权，有效控制，才是授权的最高境界。

有些管理者对授权有疑惑，误认为自己既然授权，就可对任何事都不闻不问。其实，这是错误的观念。如果想成为一名优秀的管理者，要想使自己的公司不断成长，生命持久，就必须学会“一手软，一手硬；一手放权，一手控制”的授权之道。否则会使授权失去意义，使公司遭受损失。下面的案例就充分地证实了这一点。

51岁的高尔文是摩托罗拉创始人的孙子。1997年，他接任CEO后，就采取充分授权的管理方式。他认为，应该完全放手，让高级主管充分发挥能力。

摩托罗拉原是通信器材界的龙头，然而自2000年以来，摩托罗拉的市场占有率、股票市值、公司获利能力连连下跌。市场占有率只剩下13%，诺基亚则占35%；股票市值一年内缩水72%；2001年第一季度，摩托罗拉更创下15年来第一次亏损记录。产生这个结果的最大原因，就是高尔文过于放权、拖延决策，不能及时纠正员工出现的问题。有一次，行销主管福洛斯特向高尔文建议，把业绩不好的广告代理商麦肯广告撤换掉。但高尔文对麦肯广告的负责人非常信任，所以迟疑了很久，表示应该再给对方一次机会。结果拖了一年后，麦肯持续表现不佳，高尔文才最后同意

撤换。

摩托罗拉曾推出一款叫“鲨鱼”的手机。还在讨论进军欧洲的计划时，高尔文就知道欧洲人喜欢简单、轻巧的机型，而鲨鱼体型厚重而且价格昂贵，高尔文却只问了一句：“市场调研结果真的表明这个项目可行吗?”行销主管说：“是。”高尔文就没有再进一步讨论，而让经理人推出这款手机。结果“鲨鱼”手机在欧洲市场节节败退。

还有一次，摩托罗拉公开宣布，要在2000年卖出1亿部手机，而销售部员工几个月前就知道这一目标根本不可能实现，只有高尔文还不清楚发生了什么状况，最后当然是以失败告终。

一直到2001年年初，高尔文才意识到问题的严重性，他害怕摩托罗拉的光辉断送在他的手上，于是开始进行调整。他把组织重整，并开始每周和高层主管开会，改变自己“过于放权”的作风，才扭转了摩托罗拉公司发展的颓势。

充分授权本是好事，但授权后不管不问，在发现错误后还拖延纠正、优柔寡断，对企业是有非常大的杀伤力的，这也是让管理者感到最头痛的问题。作为高明的管理者，会对授权任务进行恰当控制，使自己能随时掌握任务的进程，在最恰当的时刻，选择最恰当的方式，把跑偏的马拉回到最正确的轨道上来。

但是，许多管理者却常忽略这点，结果在最后关头功亏一篑。这绝非危言耸听，只要环顾一下四周就能看见，有多少优秀的销售员，被升为管理者后，就无人问津，任凭他们自生自灭。所以，管理者在把权力下达给合适的员工后，要想让他们有出色的表现，还要懂得“扶上马，送一程”。通过“送一程”，确保合适人选与他的合适位置上升到珠联璧合的至高境界，让授权取得成功。这意味着，在授权后，管理者除了需要说：“现在，你可以放手去干了。”还需要告诉员工：“如果有需要，就来找我吧!”

总之，管理者在授权的同时，必须进行有效的控制。管理者在运用这一谋略时，必须牢记以下几点要诀：

（1）在将员工放在某个工作岗位上或者交给他某一项任务时，管理者必须首先想到，根据完成这些工作任务的需要，应该授予员工哪些权力，并且根据这些权力，进一步规定相应的职责和利益。

（2）在向员工授权时，最好事先检查一下：在这些授给员工的权力之中，是否混杂着少量有害的、多余的权力——当然不是只对管理者有害，而且也对员工自身有害，对实现管理目标有害。凡是有害的权力，必然是多余的权力。只要一经发现，就应该坚决将其剔除。

（3）应该设法使每个员工成为管理者的手的延伸、脚的延伸、眼的延伸、耳的延伸，但切勿成为脑的延伸。因为这样一来，员工就成为地地道道的管理者的傀儡了。正确的做法是，在智力上，应该使员工与自己形成脑的叠加或互补，最大限度地发挥人才的群体优势，从而使员工成为一个富有朝气和生命力的细胞。

（4）进行监督进度，一个有效的授权管理者会根据授权，对自己的控制技术作细致地挑选和改造，以适应授权这种特殊的管理形式。命令下达后，管理者还要注意监督执行命令的进度，监督的时候要注意：①监督工作进展，尽量避免干涉员工的具体工作；②以适当的方式提出意见或提醒；③确认绩效，兑现奖惩。

授权之后，管理者的具体事务减少了，但管理者指导、监督、检查的职能却相对增加了。管理者的这种指导、监督和检查并不是干预，而是一种把握方向的行为。

一位成功的企业家说得好：授权就像打篮球一样，不是把球交到谁手里，责任就是谁的，就什么也不管了。一定要考虑整体局势，进行监控。这样，被授权的员工的智慧和才干才能得到正确地发挥，他才能有足够的力量去完成授权任务。

把握好德与才的关系

中国历来讲究任人唯贤，把贤能之人放在最重要的位置上。何谓“贤”？“贤”就是指有道德、有才能的人。作为创业者，你想要把事情做好就应该将这样的人放在合适的位置上，而不应该随心所欲，任人唯亲。

齐桓公之所以能够成就霸业，是源于管仲的推荐。

管仲向齐桓公推荐了“五杰”。他提出：“建成大厦，决不能单凭一根木材；汇成大海，也决不能仅靠几条涓涓细流。君欲成就大业必须任用五杰：举动讲规范、进退合礼节、言辞刚柔相济，我不如隰朋，请任命他为大司行，负责外交；开荒建城、垦地蓄粮、增加人口，我不如宁戚，请任命他为大司马，掌管农业生产；在广阔的原野上使战车不乱、兵士不退，擂鼓指挥着将士视死如归，我不如王子城父，请任命他为大将军，统帅三军；能够断案合理公道，不杀无辜者，不诬无罪者，我不如宾胥无，请任命他为大司理，负责司法刑律；敢于犯颜直谏，不避死亡、不图富贵，我不如东郭牙，请任命他为大谏之臣，主管监察谏议。想要富国强兵有这五位就足够了，想要成就霸王之业，还要有我管仲在这里。”齐桓公听从管仲建议，令五人各掌其事，并拜管仲为相，终成就了大业。

由此可见，能否把人才放在最重要的位置上，是成功与否的决定性因素。在现代社会，香港富豪李嘉诚便是这方面一个最成功的典范。

作为长江集团的创始人，该集团在创立之初，李嘉诚提拔了两位忠心耿耿、踏实苦干的人才：上海人盛颂声和潮州人周千和。前者负责生产，后者主理财务。这两人自从跟随李嘉诚后，几十年间立下了汗马功劳。

当集团稳定后，李嘉诚经过综合评价，又提拔盛颂声为董事副总经理，委任周千和为董事副总经理。同时委托盛颂声负责长江实业地产业务，周千和则主理长江实业的股票买卖。

这两位忠心耿耿的得力干将一直跟随李嘉诚30多年，而盛颂声直到因举家移民加拿大才离开长江实业；周千和则至今仍在长江实业集团发挥余热，而且其子周年茂也加入长江实业集团，成为新一代的骨干。

随着社会和集团的发展，这些创业之初便跟随李嘉诚的元老重臣，面对今天的竞争不一定能跟得上形势的发展。特别是在竞争日趋高度复杂化和决策讲究科学性的形势下，元老们的知识结构和专业水准显得相对不足。李嘉诚深刻地预见到这一点，大胆起用提拔有闯劲、年轻有为的专业人才，一方面弥补元老们胸襟和见识上的不足；另一方面利用有专才的干将，为集团带来新生力量，以更大的步伐朝前发展。

长江实业集团在20世纪80年代得以迅速发展，股价由1984年的6港元急升至90港元，这也和李嘉诚大胆提拔人才大有关系。

毕业于香港大学的霍建宁，加入长江实业后，出任会计主任，是长江实业管理层后起之秀中的佼佼者。霍建宁有着杰出的金融头脑和非凡的分析本领。虽然他为人处世低调，但却参与决策和策划了长江实业的重大投资安排、股票发行、银行贷款和债券兑换等。这些项目动辄就涉及数十亿资金，而且总能为集团带来可观的效益。霍建宁也被传媒称为“浑身充满赚钱细胞的人”。

霍建宁的才华备受李嘉诚赏识，并委任他为长江实业的董事，两年后又提升为董事副总经理。当时，霍建宁才35岁，如此年轻就任此要职，在香港商界实为罕见。

曾由李嘉诚指定为长江实业专门人才而送往英国攻读法律的周年茂，是周千和的儿子，毕业后也进入了长江实业，由于擅长大型地产项目的发展，成为长江实业集团房地产发展的主要负责人，并被李嘉诚指定为长江实业董事和专门发言人，并在随后和其父一道被提拔为董事副总经理。

今天，长江实业集团之所以能取得如此大的成功，可以说，正是李嘉诚重用贤德之人换来的。对人才，特别是年轻人才的重用，使得长江实业集团实现了“老中青”的结合，而他这种肯提拔人才、会提拔人才的用人手段成为长江实业集团永续发展、后继有人的有力支持。

从古到今，所有成功的事实都证明，要想成为一个管理高手，成为一个优秀的老板，在人才任用上，就必须任人唯贤，把人才放在重要的位置上。否则，任人唯亲，只会达到适得其反的效果。

善于治心，得人心者得天下

在竞争日益激烈，人与人之间的感情日益淡化的今天，情感已是管理者不可或缺的资源和财富。在管人理事的过程中，不仅物质投入可以获得回报，感情的投入也可以收到意想不到的效果。

某企业的项目经理因一桩大生意赔了钱，使企业蒙受了重大的损失。他因此非常自责，就向董事会递交了辞呈，但董事会并没有批准。董事长握住项目经理的手，意味深长地说：“我们已为你的学习交了这么多的学费，不希望你就这样走了，学了不要白学，我们相信你以后会做得更好。”那位项目经理立刻被感动得热泪盈眶，表示为了挽回自己造成的经济损失即使粉身碎骨也在所不惜。

果然，在以后的工作中，项目经理发奋图强，拼命苦干，为公司赚取了一笔又一笔的巨额利润。

管理者若想把自己所在的单位管理好并做出成绩，仅靠命令和指挥是远远不够的，还必须激发员工的主动性、积极性，充分发挥员工的能力和智慧。这是管理者对员工进行感情投资的最根本原因。

（1）管理者对员工的感情投资，可以有效地激发员工潜在的能力，使员工产生强大的使命感与奉献精神。得到了创业者的感情投资的员工，在内心深处会对其心存感激，认为管理者对自己有知遇之恩，因而“知恩图报”，愿意更加尽心尽力地工作。

（2）管理者对员工的感情投资，会使员工产生“归属感”，而这种“归属感”正是员工愿意充分发挥自己能力的重要源泉之一。人人都不希望被排斥在管理者的视线之外，更不希望自己有朝一日会成为被炒的对象，如果得到了来自管理者的感情投资，员工的心理无疑会安稳、平静得多，所以会更愿意付出自己的力量与智慧。

（3）管理者对员工的感情投资，可以有效激发员工的开拓意识和创新精神，有助于他们鼓足勇气，不再“前怕狼后怕虎”，所以工作起来便会更加积极主动。如果管理者能够对员工进行感情投资，建立越充分的信任感、亲密感，就会越有效地消除员工心中的各种疑虑和担心，从而更愿意把自己各方面的潜能都发挥出来。

凡是优秀的管理者都是善于对员工进行感情投资的领导。只有通过感情投资，才能使员工感到自己受到了最高管理者的重视与关爱，因而愿意尽己所能，踏实工作，充分发挥自己的潜力。

感情就是凝聚力，感情有时甚至就是生产力！凭着最朴素的感情，凭着企业家最精明的直觉，陶华碧悟出了这个道理。

为员工多花一点钱进行感情投资，绝对值得，感情投资花费不多，但换来员工的积极性产生的巨大创造力，是任何一项别的投资都无法比拟的。世界上什么投资回报率最高？日本麦当劳的社长藤田田所著畅销书《我是最会赚钱的人》中谈到，他将他的所有投资分类研究回报率，发现感情投资在所有投资中，花费最少，回报率最高。

一般而言，管理者对员工进行感情投资，有很多种方式，其中最常见的就是语言的鼓励。管理者在采用语言鼓励式的感情投资方式时，最好选择以下几种时刻进行：

（1）当员工顺利完成工作，取得较大成绩时。员工辛辛苦苦完成了一项工作，交差时如果管理者反应平平，态度冷淡，那么他就会感到受到了伤害，并在心里说："以后再也不如此卖力了。"反之，如果管理者在此时能够表扬员工，说上几句贴心的话语，表示出对他的理解，并鼓励他以后好好干，则结果就会截然相反，员工会因此而认为管理者重视自己，对自己的努力还是心中有数的。

（2）当员工在工作中碰到困难时。无论做什么工作，都会碰到一些难题。这时，管理者就应该表示理解和支持，而不是批评和嘲讽。只有这样，才能充分鼓舞起员工的勇气，使其努力克服困难完成工作。

（3）当员工提出创意，勇于表达自己的不同意见时。对于敢于提出新看法尤其是与管理者不同的看法的员工，管理者往往都会感到反感。然而，如果你想成功地管人理事，就必须克服这种弊病。对于此类员工，不仅不应反感，而且应该进行鼓励，无论他的看法是否正确、是否可行，你都应该对其具有的勇气和精神表示认同，给予鼓励。

此外，管理者对员工进行感情投资，重要的是"以小见大"，于细微处见精神，使员工感到自己确确实实被领导关心着、照顾着，在领导心中占有一席之地。从细微之处入手进行感情投资，既方便、又有效，还可以体现出领导的细心和对员工的关心。

总之，在管人理事中，不懂得对员工进行感情投资的管理者，不可能成为成功的、卓越的管理者。想让员工听从你的指挥，不能只靠强制和命令，还必须通过感情投资激发员工的巨大潜能。

人尽其才，别把飞机引擎装在拖拉机上

“骏马能历险，犁田不如牛。坚车能载重，渡河不如舟。舍长以就短，智者难为谋。生财贵适用，慎勿多苛求。”清代诗人顾嗣协这首浅显易懂的古诗，形象地告诉了我们用人之关键在于善用其长。每一个人都有可用的、能干的一面，关键在于老板能否知人善任。了解他的长处而后善用之，是老板用人的要义所在。

人各有所长，亦各有所短，只要扬长避短，天下便没有不可用之人。老板用人，如果一味盯着员工的短处，必不能放心用人。

孙策临终前，让孙权继承其位，并对孙权说：“内事不决问张昭，外事不决问周瑜。”周瑜血气方刚、才华横溢、富于进取、坚强不屈，但对内部事务却不甚精明；张昭老于世故，长于处理内部事务，但对外却立足为守，缺乏进取。孙权对其二人量才而用，各取其长，终于建吴。

“尺有所短，寸有所长”，每个人的才能皆存在着差异。现代老板在论述企业管理时，曾形象地提出把“诸葛亮”留在高层，把“赵子龙”安排在车间。意旨让精干决策的去决策，让长于执行的去执行。老板亦应遵循这一原理，把具有不同能力的人安排到相应等级的岗位上去，以充分发挥他们的作用。

清代思想家魏源指出：“不知人之短，不知人之长，不知人长中之短，不知人短中之长，则不可以用人，不可以教人。”的确，如果从人的长处着眼，为对方提供和创造良好的条件，让他的长处得到充分的发挥，那么这个人日益增长的优势就会抵消短处的影响，或者填补短处的缺陷，进而实现自身价值；如果从人的短处着眼，用人的短处而不用人的长处，就会使人的长处被短处所排斥和否定，不能充分发挥作用，甚至断送他的前程。

由此可见，老板在用人时，应首先看他能胜任什么工作，而不是绞尽脑汁挑其毛病。

作为老板，对人、对自己的员工，即使是对毛病很多的人，首先要看到他的长处，才能充分利用他的才干。这也是老板正确的用人之道，即充分发挥一个人的优势，避开一个人的劣势。

松下接收了一家受战争影响而负债累累的企业，该企业经营唱片和音响拥有人才和高新技术，但依然无法挽回败局。

经过慎重考虑，松下决定把这个重担托付给野村吉三郎先生。

野村先生曾担任海军上将，退役后转任外务大臣。但他对经营管理却一窍不通。而且有些人认为："聘请曾任外务大臣的野村先生来担任经理，不是大材小用，委屈他了吗？从另一个角度说，以美克德这样的小公司，想独占像野村这样具有伟大人格和才干的人也实在是太自私了。"

但松下认为："战后，社会最需要的就是安定和繁荣。在美国，许多过去拥有辉煌战功的名将，也都纷纷加入民间公司，借个人的工作来贡献社会，至于战败的日本人，就更不应该拘泥于以往的地位，因为真正有地位的人，是那些能通过工作，把力量贡献给国家和社会的人。"

诚然，野村先生并不懂唱片经营之道，但他博学多问，品格高尚。让他作为管理者，统筹大局，更能够赢得员工们的尊敬与信赖。事实证明的确如此，每一个人在他手下都有机会充分发挥自己的长处。

在野村先生的管理下，该公司很快摆脱了困境，重新站了起来。

可以说，这一功绩除了归功于野村先生的管理能力外，更应归功于松下用人之长的正确决策。

可见，老板的任务是寻找员工的优点，在使用过程中，做到人尽其才。如果企业的老板都能如松下幸之助这样以人之所长而授之以职，那不仅人人都能发挥作用，毫无怨言，而且办事效率也会迅速得到提高。

由此可见，用人的目的正是在于人尽其才。而要人尽其才，我们就要做到以下两点：

第一，发挥人的长处。

“文学渊博者为士师，农学熟悉者为农长，工程练达者为监工，商情谙习者为商董。”一个老板如果能做到这样，就可以实现人尽其才，企业长足发展的目的。

第二，要择人任势。

老板要根据公司在发展过程中遇到的不同情况，选择可以应变自如、临机解决问题的人任之。

美国著名管理学家杜拉克指出：“有效的老板择人和升迁，都以一个人能做什么为基础。所以，我的用人决策，不在于如何减少人的短处，而在于如何发挥人的长处。”因此，发挥员工的长处不仅是老板管理员工的条件之一，更是对员工负责的体现。

来一次“整风运动”

俗话说，有“压”才有“力”，有效的压力管理，能促进员工积极努力地负压奋进，不断地创造新的业绩，使企业不断地充满生机和活力。王永庆的“压力管理”，是在人为压力逼迫下的管理，使员工随时都处于压迫感之下。台塑集团正是依靠这一点才兴旺发达，从而成为中国台湾首屈一指的大企业。

在现代的企业中，我们时常听到一些管理者对下属说：“这件事我也不太清楚，但这是领导管理者交代的，所以只好照着做吧！有更多的管理者虽然认为：“这样的要求不合理……”，但还是强迫下属要“努力达成今

年的目标”“就算是加班也要如期交货”。虽然自己认为不合理，却还要求别人去做，这实在太过分了。当然，这样的指示也是缺乏说服力的。很多公司大部分的销售量，就是这种上对下施压的情形下完成的；但这种做法却绝对无法提高员工士气。

如果解决这个问题？答案是：公司领导者要合理地要求自己的下属员工，对他们施加适度的压力。

（1）领导者要了解所属员工的能力。以目前所属员工的努力标准来看，已具备多少销售能力（或是生产、处理其他业务的能力）这叫作“标准能力”，如果稍微施加压力，还能达到什么水准，这叫作“加速能力”。领导者必须先了解下属员工的“标准能力”，在此基础上，施压一定的压力，从而实现“加速能力”。

（2）管理者应该经常向领导管理者报告所属员工的能力和工作现状，这样一来，领导者才会知道自己的要求是否“无理”，才能施加适度的压力。

（3）对于不同的员工，应该使用不同的施压方法。但较为常见而有效的施压方法有以下两种：一是时间设限法。所谓时间设限法，就是为下属设置一个完成工作任务的最后期限。许多人在做事情时，都有拖拉的毛病，不到最后关头不着急。如果有一个人拖延时间，就会影响整个系统的工作。所以，领导者在给下属布置工作任务之前，应该事先估计一下该项工作需要多长时间完成。然后在布置工作任务的同时，提出完成该项工作任务的实现要求，并说明超过时限将要受到的处罚。这样，员工就会在有限的时间里抓紧时间工作，把任务完成好。二是良性竞争法。竞争有不良竞争和良性竞争之说。不良竞争，会导致弄虚作假、钩心斗角，这无疑会影响工作的正常进行。所以，领导者一定要注意从行为方式上和制度上有效地遏制组织成员之间的不良竞争，促进组织成员之间的良性竞争。

没有压力就没有动力。压力不但可以激发一个人的潜能，而且是造就一个杰出人才的必要条件。管理者在管人理事的过程中，如果能合理地掌握员工承受压力的能力，适当地给他施加一定的压力，他一定会在你的“紧逼”下，进步神速。

王永庆曾说：“赋予一个人没有挑战性的工作，是在害他。我觉得人的潜能是无穷的，给予没有挑战性的工作，这个人的潜能根本无从发挥，他的一生就完了！”他认为，杰出的人才只有在强大的压力下才会培养出来。所以，管理者不妨给下属施加点压力，“逼”他进步。

王永庆把台湾塑胶集团推进到世界化工工业的前50名。几十年来，全球化工行业一直把王永庆尊为“经营之神”，其经营之道更是备受推崇。可以说，台塑公司王永庆所取得的成功，全赖于其成功的管理模式，而“压力管理”是台塑最为突出的管理经验。

王永庆曾苦口婆心地教导明志工专的学生：“完成专科教育，只能为你们奠定做事的基本能力，你们要认清这一点。踏出校门之后，要有决心接受三年的辛苦磨炼，唯有如此才能有成就。如果在座每位都能这样做，我相信成功会属于你们。因此，我奉劝各位考虑去接受具有相当压力的工作环境，在这种环境中，才能真正锻炼出你的本事；否则，即使你懂得必须吃苦，有意接受磨炼，可是在工作相对轻松、压力较小的环境中，任何人都难免因为处于安逸之中而逐渐放松，终究毫无成就。”

王永庆不但善于教导别人进入有压力的环境中接受挑战，而且更善于营造充满压力的环境。从员工刚进企业的第一天就开始了。他规定新员工不论身份、学历，都要先到基层现场学习6个月，并接受训练。员工在训练期间的每项要求都要进行考核，而且每周一次，考核的结果要列入今后的人事考核档案，因此受训期间，他们的压力很大，讲义与笔记达数十公斤。为准备考试，他们常常要温习功课至深夜，绝不亚于高考备战时的紧张气氛。

除准备每周的考试外，还要撰写心得报告，以备结训典礼上“综合检讨会”的抽查。综合检讨会是由王永庆亲自主持的，会上他要当场抽选

10~15名学员上台发表心得与感想。听完报告后，王永庆当场加以评定。所以直到“综合检讨会”结束他们的心都一直悬着，无时无刻不在和自己的情绪做斗争。

在王永庆的压力管理中，最著名的当属台塑的主管人员最怕的“午餐汇报”。“午餐汇报”由台塑总经理室安排，以便了解对总裁命令的执行情况，并考验各单位主管与幕僚人员的能力，每一个事业单位都有轮到的机会。只要王永庆在台湾，几乎每天中午都要举行这种吃便当式的“午餐汇报”。

“午餐汇报”的内容通常以各单位的经营状况或是遇到的管理困难为主。届时，王永庆会亲自主持，他会十分认真地听取报告单位的报告，一旦听到有疑问的地方，他就会立刻将报表折一个小角，接着，他会瞅准时机以其惯有的“追根究底”的方式不断发问。如果准备不充分，一旦被问倒，对报告者以后的发展就会有很大的影响。所以，报告者大多提心吊胆，唯恐准备不周，当场出丑。因而“午餐汇报”上的竞争与淘汰程度以及参会者的压力是可想而知的。

正是由于“午餐汇报”给人以莫大的压力，才使台塑的职员对自己的工作兢兢业业，在会前做充足的准备，从而使集团企业经营上的难题，都经由这一场主管们担惊受怕的“午餐汇报”迎刃而解了。各种经营改善提案也在点点滴滴，积少成多，由小而大，成为了台塑追求合理化的主要推动力。

王永庆就是这么管理员工、管理企业的。也许你会说王永庆对自己的员工真是够苛刻的，但他对自己比对员工的要求还要严格。他每周的工作时间在100小时以上，他对企业运作的每个细节都了如指掌，这简直让人难以相信。

在员工之中形成有效的激励机制

激励是用人的艺术，而激励下属的艺术则在于满足人才的志趣，充分发挥人才的才智，每个下属都有自己的优点，作为领导不可不知，知人长短之后，按照每个人的特长为下属创造一个可以施展其魅力的舞台，从而激发下属的潜能，为企业创造高效。而在激励的过程中实施个性化奖励是非常重要的，奖励的形式多种多样，有利于提高员工工作热情和积极性，满足其成就感，和团体中的荣誉感和归属感，因此在企业中适当有效的激励是必不可少的。

然而令人遗憾的是，有些管理者喜欢对员工的需求进行一些错误的假设，结果反而妨碍了激励机制对于企业绩效的促进作用。

徐宁是广州一家知名企业的管理者。他深知，如果员工只把自己看作打工者，只想着挣钱，那就不可能自发地努力工作，更不可能对企业产生归属感。要想让企业得到长足的发展，就必须使员工意识到：只有他们与企业共同努力，企业发展了，他们自身才能发展。

为此，他一直在思考如何让员工打破“我只是一名打工者”的心态。

经过一番调研与仔细观察之后，徐宁发现，绝大多数员工都有很强的进取心，都想通过自身努力做出一番成就，关键在于企业是否给他们提供足够大的发展平台和空间，是否能让他们觉得自己的努力不仅仅是为了企业，也是为了他们自己。

于是，他成立了“总裁班”，这并不是一般人所理解的“培训班”，而是员工与企业高层的沟通平台，通过这个平台，高层管理者向员工传达的信息是：“并不是只有供应商、客户才是企业的合作伙伴，员工也是我们

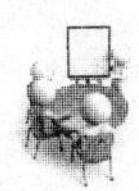

的合作伙伴。”

徐宁还向员工宣布，要在全公司范围内评选“最佳合作伙伴”，无论谁，只要当好自己岗位的主人，为企业的发展做出了贡献，就是公司的合作好伙伴。在年底的“年度员工表彰总结大会”上，几十名老员工从董事长手上接过了“年度最佳合作伙伴奖”，还有一本《新主人翁精神》。

从徐宁对员工的观察和调查结果上，我们可以看出，员工也有着自己的要求，他们希望把自己和企业的关系从过去的上下级关系、从属关系转变为平等的交换关系，即“我为企业创造财富，企业为我提供报酬和职业发展空间。”作为领导或管理者，我们应该知道，现代意义上的员工已经不仅仅把自己当成了一名普普通通的打工仔，他们更希望自己能够成为公司的主人，这种价值观的改变，使得员工更加看重和追求自由的空间和平等的文化。

如果管理者忽视员工的这一需求，还认为只要支付给员工薪水就够了，是难以真正地激发员工的工作积极性的。这也就是说，团队的领导管理者要激励团队成员，就得了解是什么驱使和激发他们做好工作，你既要了解他们的个人需要，也要为他们提供机会，真正关心和尊重他们。只有像这样，才能使激励发挥出更加巨大的功效。

第八堂课

发展超越：创业者有超越自我的勇气

向别人学习，跳过别人走过的弯路

2003 年 4 月，皮鲁克斯在哈佛大学作题为《做人的意义》的报告时，讲述过这样一个事实：在世上仅存的植物当中，最雄伟的就是属美国加州的红杉。红杉的高度大约是 90 公尺，相当于 30 层楼以上。科学家深入研究红杉，发现了很多奇特的事实。因为，一般而言，越是高大的植物，它的根应该扎得越深。可是科学家却发现，红杉的根只是浅浅地浮在地面而已。

理论上，根扎得不够深的高大植物是非常脆弱的，只要一阵大风，就能将其连根拔起。红杉又如何能长得如此高大，并且还屹立不倒呢？研究发现，只要是红杉生长的地方，必定是一大片在一起生长，并没有独立长大的红杉。这一大片红杉彼此的根紧密相连，一株接着一株，结成一大片。自然界中再大的飓风，也没有办法撼动几千株根部紧密联结、占地超过上千公顷的红杉林，除非飓风强到可以把整块地都掀起，否则没有任何自然力量可以动摇红杉一分一毫。

红杉的浅根，也正是它能长得如此高大的利器。它的根浮于地表，便于快速并大量地吸收赖以生长的水分，使红杉得以快速成长壮大。同时，它也不需耗费能量，像一般植物那样用扎深根的能量来向上成长。

自然界中的任何一个生物都是上帝的神奇之笔，每一个生物的生存都在向我们揭示着生存的技巧与方式。红杉就告诉我们，只有相互借助彼此之间的力量才能抵御大自然中的一切灾难，这就是应对优胜劣汰的生存法则。

所以，我们需要的是广泛地伸出自己的学习触角，与广大的资讯网络结合，去吸收更丰富的成功知识及经验，来提供自己赖以迅速成长的养分，而不是耗费能量去独自盲目地钻研。成功不能光靠自己，成功需要依靠别人。如红杉林根部相连，以充分而紧密的合作关系，创造出不可动摇的伟业。

对于成功人士来说，要想快捷成功，需要学习或借鉴前人的成功经验。成功的企业家都是这样走过来的。

吴立杰，温州泰顺人，曾报考过7所艺术类学校，专业成绩每次都在前10名内，但因为英语成绩太差而未被录取，最终经过艰苦奋斗才被大学录取。作为一个从温州泰顺山沟里走出来的学生，大四还未毕业，他就已经拥有两家公司，月收入近30万元，身价超过300万元。他的目标是在全国各地建立自己的品牌专卖店。当记者采访他时，他对自己的成功做了如下的描述："我家住在泰顺的一个山村，虽然父母做一点瓷器生意，但是自己不出去闯一闯，真的很难有出头之日。记得我刚进大学的时候，上电脑课，很多同学对电脑操作已经很熟练了，而自己却连开机关机都不清楚，都要请教同学。读大学时，同学们都流行泡网吧，我也不会弄，更不知道QQ是什么东西，有一次在同学的QQ上和不认识的人聊天，她问我叫什么名字，我竟然把真名告诉了她，因此被同学嘲笑。现在想想真的不可思议。"之后，吴立杰痛下决心：要学好计算机。向老哥借了几千块钱买了电脑之后，又从新华书店买来了CorelDRAW、3Dmax、Photoshop等设计类的书籍自学。

"我不懂就问，问同学，问老师。虚心很重要。上大学的费用都是自己赚的。给两家公司做兼职，不但给他们做服装设计，还学面料、进货等知识，少的时候一个月挣400元，多的时候可以挣三四千元。"

大二的暑假，吴立杰在工商部门登记注册了华泰服装品牌策划公司，立志向服装业进军。

"那个时候，学校在杭州的下沙，公司在朝晖的中山花园，每天早上

六七点钟从沙发上爬起来，然后走到杭州大厦附近坐328路公交车到学校上课，上完课马上赶到公司。

做兼职和自己管理公司不一样，兼职不用担心业务，而自己做企业，最大的困难就是没有业务。中山花园的租金每个月都要5000多元，加上人头费、电脑等设备费。投入大约有30多万元，这些钱都是父母做小生意的本钱，而每月开支非常大。一开始信心满怀，但三个月后，连一单生意都没有接到，心里真的很慌，从来都没那么慌过。”

为了减少开支，吴立杰每次出去谈业务都是挤公交车。

“但我不能表现出自己是坐公交车去的，否则人家会看不起你，每次快到人家公司的时候，先尽可能擦去身上的臭汗。”

公司开张后，吴立杰利用大一时在外面做兼职的经验，主动出击，寻求业务。只要大品牌能够拿下，小品牌肯定会跟着上来，所以，一开始的目标就是先搞定一家大公司，于是锁定“三彩服饰”。

“三彩服饰在杭州是一家非常有名的企业。三彩服饰在石桥路那边，当时正好是8月，天气非常热，从公司过去要转三趟公交车，到了那边还见不到老总，就连一个企划经理也见不到。为了第一个生意，我接连跑了28趟，而且每次都是自己过去。他们说模特不行，赶紧换模特资料；外景不行，就换外景。反正随叫随到，最多的一次，一天跑了三趟。”

因为吴立杰给人的感觉是做事非常认真，所以后来搞定了那桩业务。

“搞定了一个大品牌公司之后，有了成功经验，做事就方便多了。后来又成功地给鳄鱼、歌瑞诗芬等品牌公司做了策划。其实，那个时候学了很多东西，包括大公司的运作、进货、销售、管理等。做企划其实更多的是偷学大公司的精华。”

随着生意越做越大，吴立杰的父母、大姐，放下家里的瓷器生意过来帮忙。吴立杰的两家公司，目前共有150多人。员工全部都是从外面招聘过来的。吴立杰认为，要做大品牌，少不了投入，需要包装企业，更需要长远的策划。在四季青杭派精品服饰城，他花30万元租下展厅；在上海繁华的人民广场附近，他花20多万元和朋友合伙建立起了摄影基地；就连宣传册上的模特，都选用新加坡、加拿大、英国等名模。目前他的品牌专卖店已经遍及兰州、西安、成都、重庆、哈尔滨、郑州、南京等地。吴立杰把自己设计的服装定位在25～35岁的女性，职业偏休闲，港派。他认为，杭派服饰终究不会有太大的前途，这种江南小女生的味道在全国市场很难铺开，而他的目标是希望在全国各地的商场都可以看到他设计的服装，每个城市都有经营他设计的服装专卖店。

"《由小做大——李嘉诚》是我最喜欢看的一本书。这样的操作也都是从大公司学的。我一开始就培养骨干。只有自己贴心的骨干，才知道我还是个学生，有时候到学校上课，他们问我，我就说出差。团队的凝聚力非常重要，我不想让他们知道我是学生而影响他们对我的信任。"

"虽然在服装营销方面，老师可能还没有我懂，但我非常喜欢上营销课、管理课，课堂上理论的东西很重要。有时候和营销课老师沟通一些问题，老师会说，'你都自己开公司了。什么都懂，还问我干什么？'"

"他的实践经验、销售经验已经是很多老师都不能比的了。像吴立杰这样的学生还没碰到过，非常佩服他，希望他发展得更好。"浙江工程学院国际时装与技术学院党总支副书记丁老师说，"人的时间和精力毕竟是有限的，虽然他并不是一个为了创业而放弃学业的人，但在碰到学业和创业对撞的时候，处理好矛盾非常重要。"

从吴立杰创业的事例可看出，经验是多么重要。在创业中，善于借鉴别人的创富路径和创富经验、模式，探讨他们创富空间中的制度、机遇、灵感，并用于自己的实际需要，不能不说是一条成功的捷径。

对于创业者来说，他们的创业情形无外乎有两种：一是像在自家的浴室里照镜子一样，将自己每天做的事对照成功偶像的经验，怕自己走偏差

了；二是碰到难以解决的问题，从同行的成功者过去的经验那里寻找突破口。

你也许读了很多成功人士成功创业的故事，在每一个成功故事里面，都隐含着他们的传奇人生道路和发家史，他们的成功，为我们这个时代和他本人创造了财富的同时，也为我们提供了他们累积起来的珍贵的创意和智慧。他们的成就，为我们这个时代贡献了一个个可以借鉴、引人思索的经验。

对市场要敏感，抓住机遇求发展

兵无常势，水无常形，做企业也要时刻强调一个“变”字。管理者要灵活机动、因人制宜、因时制宜、因地制宜，灵活而不固守，权衡轻重，随机应变，只有这样，企业才能在变化的环境中立于不败之地。

孔子东游时来到一个地方，感觉腹中饥饿，就对弟子颜回说：“前面一家饭馆，你去讨点饭来！”颜回就到饭馆，说明来意。那饭馆的主人说：“要饭吃可以啊，不过我有个要求，我写一字，你若认识，我就请你们师徒吃饭，若不认识乱棍打出。”

颜回微微一笑：“主人家，我虽不才，可我也跟师傅多年。别说一个字，就是一篇文章又有何难？”

主人也微微一笑：“先别夸口，认完再说。”说罢拿起笔写了一个“真”字。

颜回哈哈大笑：“主人家，你也太欺我颜回无能了，我以为是什么难认之字，此字我颜回5岁就认识了！是认真的‘真’字。”

店主冷笑一声：“哼，无知之徒竟感冒充孔老夫子门生，来人，乱棍打出。”

颜回回来见老师，说了经过。孔老夫子微微一笑：“看来他是要为师前去不可。”说罢来到店前，说明来意。那店主一样写下“真”字。

孔老夫子答道：“此字念‘直八’。”那店主笑道：“果是夫子来到，请!”就这样吃完喝完不掏一分钱走了。

颜回不懂，问“老师，你不是教我们那字念‘真’吗?什么时候变‘直八’了?”

孔老夫子微微一笑：“有时候一些事是认不得‘真’的啊。”

孔子的灵活与变通正是企业发展之所需。面对日益变化的环境，领导者需根据环境的变化对企业策略做出相应的调整。

随着时代的变迁，经营环境、市场环境发生了根本性的改变。想要掌握环境变动下的商机，并始终保持市场永续经营，企业就必须跟上时代潮流，学会适应环境的变化，而不是一味消极地试图抵挡此潮流。

企业能否根据自身的不同情况，确定不同的经营管理模式，并随时根据环境条件的变化加以调整，既是对企业领导经营管理素质和能力的考验，也是企业能否做大做强的重要因素。

包玉刚在初涉航运业时，多数船主采用的是“散租”的方式，这种方式租期短，可根据运输行情变化及时调整租金，在航运兴隆时期最容易赚钱。

在20世纪60年代航运巅峰时期，挪威船王耶土坦只散租了一程由波斯湾到欧洲的短途运油线就赚了500万美元。而包玉刚宁可不赚这种厚利，摒弃了“散租方式”，采取了“低廉租金，长期租赁”的经营方针。包玉刚的做法受到许多船主的嘲笑，说他是“初出茅庐的傻瓜”。

包玉刚真是其他船主所认为的傻瓜吗？不，绝不是。包玉刚是在冷静

分析内外环境以后作出这一决策的。他说，做任何事情，每个人都必须根据自己的实际情况决定行动方针。一些航运公司有许多老关系、老客户，甚至有国家做后盾，所以，他们不明白担风险，可以采取“散租”方式。而我们完全是靠自己的力量起家，对造船和航海知识几乎一无所知，也没有相对稳定、熟悉的客户，经不起大的风险，弄不好，连饭碗都砸了，不能不谨慎从事。

“散租”虽然赚钱多，但风险也大，一旦船租不出去，船东就要遭受巨大的经济损失。一艘巨轮即使一动不动地停在海上，每天开支就需要几万美元。

事实证明，包玉刚的分析是正确的。航运业风险很大，价格几次暴涨暴跌，那些追求短期暴利，采取“散租”形式的船东在航运业衰退时往往难以为继。例如，1975 年世界航运业出现衰退，挪威船王耶土坦的十几艘巨轮无人租用，使 77 岁的老船王如坐针毡。而包玉刚的船租期一般为 4～5 年，市场波动对包玉刚影响不大，可稳获租金。

当航运业低潮过去之后，一些船东也学包玉刚的方法，实行“长租”的经营方针。而这时包玉刚却反其道而行之：新船出租，旧船自营。因为新船租金高，而旧船自用，效果一样。他认为：现在情况不同了，船队扩大了，不能再实行全部船只出租，必须自营一部分，以便熟悉航海业务，航运价格高时可赚大钱，价格低时稳收租金。更重要的是，如果要实现自己的“世界船王”梦，光靠租赁公司是不行的，还必须拥有自己庞大的海运王国。

包玉刚就是这样认真分析自身条件和客观环境，选择同客观条件相适应的经营方针，当行则行，当止则止，当变则变，既不随大溜，也不沉迷于自己的成功经验，仅用了 20 年的时间，就登上了世界船王的“宝座”。到 1977 年，他的环球航运集团的总载重为 1347 万吨，居世界十大船王之首。

由此可见，企业经营环境的变化无所不在，而且其动态的外部环境中任何一个因素都可能发生变化，或大或小、或早或晚、或直接或间接地对企业的生命周期及其各阶段产生不同程度的影响。企业要想在复杂多变、竞争激烈的经营环境中保持长盛不衰，就必须适应外部环境和内部条件的变化，及时调整企业的既定目标、计划、战略与策略，采取有效的对策和措施。因此，企业经营者必须具备洞察先机的智慧。

记住你最初的梦想：不要满足于一时的成就

穆里尼奥多次参加奥运会，前后共获得了10枚金牌。后来岁数大了，他选择做了教练。在他执教生涯的20多年中，共有11位弟子拿了世界冠军。

有一天，记者采访穆里尼奥，向他请教："一个人要成功，最重要的是什么?"

穆里尼奥回答道："不安于现状，永远追求新高度!"

他认为：作为一个运动员，在其成长过程中，会经历很多阶段，在任何一个阶段安于现状，都可能导致运动生涯的终止。比如，一个运动员如果获得地区冠军就满足了，他绝对不可能获得全国冠军；当他获得全国冠军就满足了，他绝对不可能获得世界冠军；当他获得一项世界冠军就满足了，他绝对不可能获得下一项世界冠军。

事实上，人生就是竞技场，每一个人从出生那天起，就投入到比赛中了。比学习成绩，比工作成果，比事业成就，比家庭幸福……能获得成功的总是那些积极进取、不满于眼前成绩的人。

黛安妮23岁的时候，从父亲那儿借款3万美元，自己开了一家服装公司。同丈夫分居以后，她将自己的公司发展成了一个庞大的时装企业，年销售额高达数百万美元。紧接着，她又办起一家化妆品公司，还与其他公司合伙，用她的名字做商标，生产皮鞋、手提包、围巾和其他产品。她只用了5年时间就完成了这一切。

这位时装界的大姐大对成功又是怎样解释的呢？她说："如果把生活比作旅程，成功便是沙漠中的一片绿洲。你在这里稍事休息，举目四望，欣赏一下这里的景致，呼吸几口清新的空气，再睡上一个好觉，然后继续前进。"

黛安妮说，她有一种不断前进的欲望在推动着。"当我朝着一个目标努力时，这个目标又将我带到一个新的高度，使我踏上了一条通往开辟新生活的道路。"

可见，黛安妮事业上的成功取决于她积极进取的精神。满足现状意味着退步。一个人如果从来不为更高的目标做准备的话，那么他永远都不会超越自己，永远只能停留在原来的水平上，甚至会倒退。

当齐格在纽约市戴尔·卡耐基学院做教员的时候，遇到一个十分杰出的推销员。他名叫埃德·格林，那时已60多岁了。他的年收入大约能超过7.5万美元。一天晚上下课后，齐格要和格林谈谈，并且很直率地问他，为什么要选这门课，因为教课的三个老师的薪水加起来也不比格林多。格林笑着回答："齐格，让我先给你讲个小故事吧。"

"当我还是一个小男孩的时候，有一次我的父亲带我参观了我们家的菜园。父亲可以说是当时那个地区最好的园丁，他在园子里辛勤耕作，热爱它，并且以自己的成功为荣。当我们参观完之后，父亲问我从中学到了什么?”埃德继续笑着说：“而我当时只能看出来父亲显然在这个园子里狠下了一番功夫。对这个回答父亲有些沉不住气了，他对我说：‘儿子，我希望你能够观察到当这些蔬菜还绿着的时候，它们还在生长；而一旦它们成熟了，只会开始腐烂。’”

埃德讲完这个故事后说：“你知道，我一直没有忘记这件事，我来上这门课是因为我认为自己能从中学到些什么，坦白地说，我确实从其中一节课中学会了一些很有用的东西，那使我完成了一笔生意并得到了上万美元，而我曾花了两年多的时间试图做成它。我所得到的这笔钱能够付清我这一生接受促销培训的所有花费。”

“当蔬菜还绿着的时候，它们还在生长；而一旦它们成熟了，就会开始腐烂。”对于我们来说，又何尝不是这样。如果你满足于眼前的生活状态，满足于自己取得的成就，不思进取，那么你将永远原地踏步走，甚至会倒退。

生活中，最悲哀的事情莫过于这样的情形：一些雄心勃勃的年轻人满怀希望地开始自己的“职业旅程”，刚取得一点儿成就，就停了下来，满足于现有的状态，不思进取，然后漫无目的地游荡着人生。由于缺乏足够的进取心，他们在工作中没有付出100%的努力，也就很难再有所作为了，最终只能做一个拿着中等薪水的普通职员。如果他们的薪水本来就不多，当他们放弃了追求“更好”的愿望时，他们会变得更差。

二十几岁的年轻人，生活上可以平平淡淡，事业上一定要有所追求，不断地吸取能够使自己继续成长的东西来充实你的头脑。因为只有不安于现状、积极追求的年轻人，才会成为事业上的成功者。

强烈的意愿，像坚持初恋一样坚持理想

很多人都有美好的理想和为之奋斗的热忱，但他们却坚持不到最后，一开始是天天撒网捕鱼，不久便三天打鱼两天晒网，最后索性将网抛进垃圾箱里，而海底的珍奇只能是梦不可得了。

万事开头难。的确，好的开始等于成功了一半。但是，行动最重要的还在于持之以恒，不能开始了一点点，虎头蛇尾就完了，半途而废的人最终也不会做成任何事情。

历史上，多少成功者在成功的道路上，无不像王安石说的“尽吾志”以赴之，并且毫无顾忌，万马拉我也不回头。

在隋朝有个叫智永的和尚，他是王羲之的第七代孙子，相传他为了练字，四十年不下楼，写坏的笔头有好几箩筐。他把这些坏笔头埋在土里，做个坟墓，叫“笔冢”。由于智永的不懈努力，他最终练就了一手极好的字，四方来求字的人很多，门槛也给踏穿了，他便用铁皮把门槛包起来，后人管他叫“铁门限”。这个故事里的智永和尚“四十年不下楼”虽然不太真实，有点玄虚，但却逼真地刻画出了他练字的勤奋，他的恒心之“恒”。假如智永没有“四十年不下楼”的刻苦精神，他还会有日后“铁门限”的事迹吗？

历史创业者司马迁的《史记》，李时珍的《本草纲目》，哥白尼的《天体运动》，马克思的《资本论》等这些伟大著作的产生，每一本都花费了作者的十年，数十年，乃至一生的精力，也是成功者持之以恒、奋斗不懈的见证。

一件事从头到尾，也许过程并不会非常顺利，可能其中会遇到一些困难、挫折，也或者由于你个人的原因导致事情被耽搁、被延误。这时候，你是打算继续回来把它做下去，还是做到哪里算到哪里，就这么算了呢？

其实很多时候，人们总是在做下去还是放弃之间摇摆不定，一件小事，可能就会成为横亘在我们面前的艰难抉择。三年前，我怀揣着梦想只身来到这个人海茫茫的大都市，想开创一份能够给我带来激情的事业，但是因为缺乏经验，缺乏独当一面的能力，我在相当长的时间内仅仅是做着距我的理想很遥远的工作，而且仅仅是那种为了解决温饱而做的工作。我曾经非常沮丧灰心，甚至焦虑得整晚整晚睡不着觉，不知道自己在这里孤身一人，饱尝孤独和艰辛是为了什么，不知道这种坚持值不值得。“放弃”这个词无数次出现在我的脑海里，一次次削弱着我的斗志。这样的思想斗争现在看起来不算什么，可是在当时的确算得上是艰苦卓绝，从不断地怀疑自己到渐渐地树立起自信，这个过程是非常痛苦的。还好，我一步步地走了过来，坚持了下来，并真正地找到了自己的价值。

其实，很多事情，只要往前跨一步就是成功，关键就在于你肯不肯坚持这关键的一秒钟。摆在我们人生面前的路总是很多条的，如果你选择了一条你认为正确并有兴趣走下去的路，那么，无论这条道路是荆棘还是泥泞，你都应该义无反顾地走下去，这就是坚持的精神。

我们很难想象那些总是半途而废的人能做成什么事情，因为他每一次都草草地开始，又都匆匆地结束，目标摇摆不定，三心二意，今天觉得这个好，明天又觉得那个好，三天打鱼，两天晒网，最后兜了一圈回来，自己还在原来的地方一事无成。

当然，持之以恒、善始善终并不是想做就能做到的，它需要你有着足够的忍耐力和意志力，并且对自己的工作和事业充满热情。那些成功人士大多都有一个共同的特点，即坚韧不拔，意志刚强，不达目标绝不罢休。他们不骄不躁，兢兢业业，不会用一些投机取巧的手段，只会耐心等待机遇，积累实力。

对自己的工作充满热情的人，不论工作有多么困难，或需要多大的精

力，都会始终如一地用不急不躁的态度去进行。而事实的确正如他们所料，瓜熟蒂落，水到渠成，坚持了，收获就自然来了。

敢于竞争，在竞争中强大自我

对市场信息的接受程度，以及据此所制订的方案，将会最大限度地影响公司占领市场的优势。所以，公司要想做强并保持强势地位，不能只追求发展速度，还必须注意与竞争对手的关系，以及对于市场的反应。这样，公司才能步步为营地扎好基础，在稳健中走向更强。

与对手搞好关系，是公司一项强有力的竞争手段，因为竞争对手不是自己的敌人，而是帮助自己快速成长的基石。有了竞争对手的存在，公司才会产生出更大的战胜欲望。搞好与竞争对手的关系不仅可以降低对手的竞争能力，更可以化解营销中的矛盾，弥补不足。

就如何搞好与竞争对手的关系，专家认为可以采取以下方式。

1. 用沟通交流感情

企业与竞争者卓有成效的沟通，能增进企业间的了解和信任，消除企业竞争中的一些矛盾和误会，大大增强企业竞争中的合作氛围；还能使企业与竞争对手间及时传递经营信息，使企业间能做出更好地有利于彼此共同发展的决策；还有利于企业间及时发现彼此的弱点与不足，通过相互磋商加以改进。

（1）行业会议。同行中往往有一个行业协会，它的主要职能是协调行业内部各个组织间的关系，争取有利于本行业发展的外部环境，以促进本行业整体的繁荣发展。行业会议向行业内的各个组织介绍行业的最新动态，指出行业发展中存在的问题，为行业的健康发展起推动作用。它同时也是行业内各组织相互交流信息、取长补短的一个极好的沟通场所。

（2）联谊会。在我们国家有不少会员制的联谊会，这些联谊会为组织中的各种成员提供了休闲、娱乐、交友的场所。虽然这些联谊会不是一种正式的工会场所，但是它能对各个组织成员相互间增进了解、加深友谊、建立良好的人际关系起到一定的作用。各组织成员间良好的人际关系则为组织间良好的公共关系奠定了基础，促进并改善企业与竞争者之间的相互关系。

（3）请竞争对手参观企业。在不影响企业正常的生产、经营和必要的保密条件下，向竞争对手开放门户，邀请其上门参观。同时，走到竞争对手中间去，不必排挤竞争对手，要有一种开放坦诚的心态。只要你能坦诚对待竞争对手，竞争对手也会以他的坦诚来回应你。这也是加强联系、增强了解的一种方法。

（4）印刷品。通过各种行业内部的报纸、杂志、小册子、简报、通信、书刊等可实现与同行的沟通。

（5）个人联系。相互竞争的企业内部员工间的个人联系，有助于组织之间的相互了解和沟通。员工们可以在不同的时间、不同的地点交往，组织的经理和公关人员应有意识地帮助和保护员工之间的这种个人联系，为他们提供合适的交往条件，如举办联欢晚会、体育比赛和旅游活动等。

2. 做“结义兄弟”

经济领域内的战略联盟是指两个或两个以上的企业为了一定的目的通过一定的方式组成的网络式的联合体。联盟的概念首先是由美国 DEC 企业总裁简霍普罗斯和管理学家罗杰内格尔提出，随即在理论界和企业界得到普遍的赞同。从 20 世纪 80 年代初以来，联盟战略的形式在西方和日本企业界得到迅速发展，最近，联盟又在欧洲兴起。

（1）组建联盟的形式。组建联盟的形式主要有以下 5 种形式：

①合资。由两家或两家以上企业共同出资，共担风险和共享利润而形成。如美国的 PPG 企业和日本的 ASAHI 企业在美国合资开办了两家汽车

玻璃生产厂，以期把日本的营销方式和美国的生产技术结合起来。

②研究和开发协议。联盟成员之间合作研究开发某一新产品，它不仅仅分享现有的技术设备和生产能力，而且还包含着新产品开发的技术，同时也可以提高现有生产技术。联盟各方将它们的资金、技术、设备以及各种优势加以联盟，开发出新产品。一旦新产品开发出来，它们还共同开拓市场。

③合作生产营销。通过协议共同生产和销售某一种产品。这种协议并不带来联盟各方在资产、组织结构和管理方面的变化，仅通过协议来规定合作项目、完成时间等。如 IBM 企业与理光企业合作销售个人电脑、与日本制铁企业合作销售操作系统、与富士银行合作销售金融软件。

④价格同盟。如果企业在与其他企业联盟的过程中取得了低于其他竞争者的生产成本，成本优势就应运而生。

⑤相互持股投资。相互持股投资是较以上四种方式更为紧密的联盟方式。它是企业间为了巩固它们现有的良好合作关系，通过购买彼此少量股份而结成联盟。典型的做法是让联盟成员间相互持有彼此少量股份，据此建立起一种长期的、互助合作的关系。

（2）发展战略联盟的策略。战略联盟是一种松散的企业组织形式，企业通常是联合某一竞争者对付其他竞争者，联盟企业内部也存在彼此竞争的关系。这些都会给企业间战略联盟的形成和发展带来一些障碍和困难。

以下是发展战略联盟的关键策略：

①确定合适的联盟伙伴。建立联盟的目的是通过不同企业的优势互补和整合达到“1 +1 >2”的效果。合伙人必须具有某些专长才能成为联盟成员，否则可能导致联盟的失败。如佳能—贝尔、理光—三微的合作中，都是因为日方企业只想利用美方先进技术却不愿与美方分享市场而使联盟解散。

②确立新型的组织设计关系。要减少联盟各方间的矛盾，必须建立一

种和谐平等的组织关系，并对各方的责任、义务、权利加以明确界定。为了同美国波音和麦道企业竞争，欧洲空中客车企业根据后勤工作的复杂性创立了自己独特的区位生产组织，A300 和 A310 宽体客机在法国组装，德国负责生产机身，英国负责生产机翼，而西班牙负责生产尾翼。这种把欧洲各国飞机制造的智慧和优势结合在一起的组织安排迄今为止仍是最有效的。

③联盟各方保持必要的弹性。战略联盟各方都必须随时能对市场和合伙方的变化作出反应。市场变化，合作的双方也要求变化；对方变化，自身也要跟着变化。战略联盟需要明确的规则和目标，但也需要有足够的回旋余地，包括对改变方向的考虑。

3. 与“狼”共舞

据联合国一项研究报告显示，跨国企业的产品已占全球产品的 2/3，大企业集团都奋力向跨国企业发展，同盟竞争战略备受青睐：英国葛兰素企业兼并美国韦尔格姆企业，迪斯尼企业以 190 亿美元收购美国广播企业，瑞士的巴塞尔－盖吉与桑多士合并等。

团结就是力量，企业间通过纵向兼并或横向联合实行同盟，在全球经济一体化以及激烈的买方市场竞争形势下具有许多优点。

（1）这种联横合纵的跨国思想能破除樊篱，解放思想，拓宽发展思路。视竞争对手如“恶狼”的营销观念已成过去，现代大市场营销观认为：同行并非冤家。有一条经营信条：自己想赚更多的钱，必须得分一块蛋糕给对手吃。拜竞争对手为师，能更好地帮助企业厘清发展思路。

（2）有利于扩大企业规模，实行规模经营，降低成本，提高市场竞争力。

（3）有利于企业间优势互补，形成综合竞争优势。根据木桶原理，决定木桶盛水量的是木桶中最短的木块，企业亦是如此。例如，惠普企业与微软企业结盟，惠普给予微软的操作系统视窗 NT 以支持，而微软则向企

业推荐惠普的网络计算机（NETPC）。

（4）有利于企业处理专业化和多样化的生产关系。如日本本田企业将70%的零部件发送给中小企业生产，自己只负责主要零部件和整车的组装，这减少了许多中间环节，节省了交易费用，提高了经济效益。

（5）能促进产品销售，提高品牌知名度，有利于名牌战略的实行。

当然，以上这三种方式，必定会为企业或公司带来人力、财力、物力等管理方式上的大变革，对此，企业和公司必须实现三者的优化组合，才能在规模经济、经营管理等方面实现资本营运质量的提高，进而显示其巨大的优越性。

所以，企业或公司与竞争对手之间并非只能是敌对的关系，相反，合作往往能为双方带来更大的竞争优势，这也是现代企业和公司所追求的双赢。在这种方式的竞争中，企业与公司才能更快速、更稳健地走向强大。

先发制人，竞争中一定要抢得先机

现今是一个讲究速度的新时代。创新和资讯冲击所带来的最直接影响，就是让人们逐渐认识到市场竞争其实就是一场速度制胜的游戏，只有抢占先机者才能胜券在握。

而我们面临的事实是：知识革命和互联网的出现在产品和消费者之间架起了一座全新的桥梁，信息层出不穷，而时间却越来越紧迫。这就要求企业必须扬弃传统的品牌理论，寻找新的出路。而这条新的出路就是速度。温州商人之所以能在商界屹立不倒，凭借的正是其快速的反应能力。

前温州市市委书记董朝林认为："温州人看到有生意可赚，第二天就弄台机器先干起来，机器可以放在家里或朋友的仓库里，行了，再盖厂房，厂房大了才请管理人员，这要是在其他地方，半年也论证不下来。"

1992年金秋，上海街头梧桐叶黄了，诱人的糖炒栗子满城飘香。某晚，酒足饭饱后，长住上海大方饭店的温州乐清五金机械厂朱厂长逛街去了，他把这种消闲称为“跑信息”，或者说“捡钞票”。拐出延安东路就是热闹非凡的大世界，一家食品店门口排长队买糖炒栗子的人们引起了他职业性的条件反射。这些年来，他悟出了一条发财真理：“凡是人群密集的地方，一定有财神爷在微笑。”

他开始仔细地观察，发现急于尝鲜的上海人买了糖炒栗子后，都急猴似的咬着、剥着吃，而常常又把栗子内核弄得四分五裂，嘴边一副狼狈相。

“能不能搞个剥栗器?”“信息发生器”在他的大脑里启动了。他迅速画出了剥栗器的草图，材料用镀锌铁皮，成本每只0.15元，出厂价0.30元……10分钟后，他推开了商店经理室的大门。经理认为：这是一项发明，顾客肯定欢迎，不过，上市要越早越好，两个月够不够？他笑了：两个月？我一个星期后就送上门。经理不相信：这审批、核价什么的，没两个月怎么行呢?

当晚，传真将剥栗器草图传回了他在温州家乡的工厂，一副模具两个小时就出来了，冲床开始运转。3天后，一卡车剥栗器涌进了大上海，大大小小商店门口的糖炒栗子摊主成了他的经销商。

兵贵神速，这位有心的朱厂长正是以最快的速度制作出了剥栗器，从而打开了一条发财之路。所以，公司要想快速地占领市场就必须建立一个快速反应模式，随时准备把握机会。

在中国家电产业的发展进程中，以市场和技术求生存的观念一直主导着中国的家电企业。许多企业最初实行的是以市场换技术的策略，随着家电企业的发展壮大，这一策略也做了相应调整。现在来看，许多企业的技

术还没有换到手，市场却开始守不住了。对中国的家电企业来说，已经习惯了用要素作为单纯的资源工具来参与竞争，然而，当要素优势丢掉的时候，也就是竞争结束的时候。

四年前，海尔开始进行企业作业流程的重组，这场变革的结果到底如何一直没有定论，非典的考试结果应该让我们重新审视这种变革对家电企业参与国际竞争所具有的意义。

与跨国公司比较，国内的家电企业在一些产品的技术上还存在很大的差距，在管理上的差距也是有目共睹的。以前，本土企业拥有生产要素成本优势，也就是所谓的低价格优势，但是随着中国市场的开放，跨国公司也拥有了同样的要素优势。那么，下一步应该如何走呢？毋庸置疑地，那一定就是速度的竞争。

所谓的速度就是发现需求到满足需求的速度，它是一个时间概念，也是一个经济概念。从发现需求到满足需求的速度越快越好，但是，这一过程当中的成本也是影响运行的关键因素。

完美的速度竞争就是要以最快的速度、最经济的速度满足需求，它的背后是整个组织系统的反应能力的集合。整个需求满足过程的缩短，减少了资金在各个环节沉淀的时间，这样的速度才是经济的速度，才是有竞争力的速度。

现实中，一些家电企业拼命地扩大规模，以规模显示实力，其实，规模不经济是典型的供应商时代的思路。例如，彩电行业几个囤积显像管的案例就是明显的例子，大规模的制造如果没有订单，也就是没有目标的制造，只会制造灾难，因为制造出来的产品销售不了，只有倾销，一倾销就破坏行业的发展。许多企业至今还没有从这样的阴影中走出来。

海尔清晰地意识到，以前，只要是企业为消费者生产了产品，他们就会买，现在，随着市场的变化和消费心理的成熟，企业必须生产消费者喜欢的产品，他们才肯掏钱。这就要求调整海尔的制造与销售模式，先找订单后生产。问题是，到哪里找订单，以怎样最快的速度找到订单，以怎样最快的速度满足这样的订单？这就需要企业调整自己的作业模式，也就是说要找到最好的“软件”安装到自己的企业里来。眼下，完全靠硬件是打不过别人的，“软件”的作用变得更为重要了，那种完全依赖要素成本来竞争的模式已经不起作用了。这个时候海尔与跨国企业比什么，比的就是速度。

此时，海尔已经认识到以什么样的方式来组合要素成为竞争的关键，在要素成本同质化的时候，组合要素的方式将成为决定成本的关键，也就是“操作软件”成为制胜的关键所在。

流程的再造实际上是管理技术的更新带来的组织变革，它直接提高了组织的竞争力。目前，许多大公司都在忙着进行速度变革。索尼、松下都在重新调整自己的组织结构，这种结构的调整与海尔的速度之变是相同的，相信它们的这种速度在不久的将来也会显现出来，以海尔为首的家电企业在面对速度的时候丝毫不能怠慢。

如今，在快速变化的市场环境下，企业的执行力已成为企业的核心竞争力，而执行力的关键不在于你做什么，而是你如何以最快的速度做好！

当然，我们所追求的速度绝不是为了达成目标而不计后果，不是为了抢速度而降低我们的质量标准。迅捷源自能力，简洁来自渊博。管理者的快速执行首先要建立在强大的思维能力基础之上。有人曾形容说，美国人第一天宣布某项新发明，第二天投入生产，第三天日本人就把该项发明的产品投入了市场。加拿大将枫叶定为国旗的决议在议会通过的第三天，日本厂商赶制的枫叶小国旗及带有枫叶标志的玩具就出现在加拿大市场，行销火暴。作为“近水楼台”的加拿大厂商则坐失良机。市场竞争中这种“不快即死”的现象被人们称为“快鱼法则”。日本厂商正是这种法则下的快鱼，逐渐蚕食掉了速度已落后的慢鱼。

所以，现代社会一切竞争都围绕着速度，与速度密切相关。谁抓住了

速度，谁就走在了时代的前头，抓住了未来。因此，思科 CEO 钱伯斯认为：新经济时代，不是大鱼吃小鱼，而是快的吃慢的。

以硅谷为例：硅谷的每家新公司自诞生之日起，面临的都是白热化的竞争环境，你的公司知道的商业模式别人都知道，你的公司操作的管理方法别人也都知道，你必须靠一种新技术来增强竞争力，而留给你发展的时间尺度都非常短，你必须非常快地使公司长大，稍一疏忽、怠慢，你就会被对手排挤掉。

日本著名企业家盛田昭夫说："我们慢，不是因为我们不快，而是因为对手更快。如果你每天落后别人半步，一年后就是一百八十三步，十年后即十万八千里。"所以，在这个节奏快得让人吐血的时代里，快就是机会，快就是效率！

用创新来保持企业的生命力

"要么创新，要么灭亡"的呼声在现代管理中日渐响亮。创新是指形成一种创造性思想，并将其转换为有用的产品、服务或作业方法的过程。富有创新力的组织能够不断地将创造性思想转变为某种有用的结果。

3M 公司以其卓越的创新能力而著称，从组织结构到公司文化、人员管理，3M 公司都形成了一种激发创新的氛围。

3M 视革新为其成长的方式，视新产品为生命。公司的目标是：每年销售量的 30% 从前 4 年研制的产品中取得。每年，3M 公司都要开发 200 多种新产品。它那传奇般的注重创新的精神，已经使 3M 公司连续多年成为最受人羡慕的企业之一。

3M 公司认为新产品不是自然诞生的。其知识创新秘诀之一，就是努力创造一个有助于创新的内部环境，建立有利于创新的企业文化。公司文化突出表现为鼓励创新的企业精神。3M 公司的核心价值观是：坚持不懈，从失败中学习，好奇心，耐心，事必躬亲的管理风格，个人主观能动性，合作小组，发挥好主意的威力。

英雄：公司的创新英雄向员工们证明，在3M 宣传新思想、开发新产品是完全可能取得成功的，而如果你成功了，你就会得到承认和奖励。

自由：员工不仅可以自由表明自己的观点，而且能得到公司的鼓励和支持。

坚忍：当管理人员对一个主意或计划说“不”时，员工就明白他们的真正意思，那就是，从现在看来，公司还不能接受这个主意。回去看看能不能找到一个可以让人接受的方法。

对于一个以知识创新为生存依托的公司而言，3M 公司知道，有强烈的创新意识和创新精神的知识员工，是实现公司价值的最大资源，是 3M 借以达到目标的主要工具。因此，3M 的管理人员相信，建立有利于创新的文化氛围是非常重要的。主要是：

（1）尊重个人的尊严和价值，鼓励员工各施所长，提供一个公平的、有挑战性的、没有偏见的、大家分工协作式的工作环境。

（2）尊重个人权利，经常与员工进行坦率的交流。主管和经理要对手下员工的表现与发展负责。

（3）鼓励员工发挥主观能动性，为其提供创新方面的指导与自由。冒险与创新是公司发展的必然要求，公司要在诚实与相互尊重的气氛中给予员工鼓励和支持。

3M 公司在组织结构上采取不断分化出新分部的分散经营方式，而不沿用一般的矩阵型组织结构，组织新事业开拓组或项目工作组，其人员来自各个专业，而且全都是出于自愿。提供经营保证和创新奖励，只要谁有新主意，他可以在公司任何一个分部求助资金。新产品搞出来后，不仅会得到更高的薪金，还包括晋升。比如开始创新时是一位基础工程师，当他

开发的产品进入市场，他就变成了一位产品工程师；当产品销售额达到100万美元，他的职称、薪金都变了；当销售额达到2000万美元时，他已成了“产品系列工程经理”；再达到5000万美元时，就成立一个独立产品部门，他也成了部门的开发经理。

3M公司还通过正确的人员安置、定位和发展来提高员工的个人能力，从而激发创新。3M公司鼓励每一个人开发新产品，公司有名的“15%规则”允许每个技术人员至多可用15%的时间来“干私活”，即搞个人感兴趣的工作方案，不管这些方案是否直接有利于公司。当产生一个有希望的构思时，3M公司会组织一个由该构思的开发者以及来自生产、销售、营销和法律部门的志愿者组成的风险小组。该小组培育产品，并保护它免受公司苛刻的调查。小组成员始终和产品待在一起，直到它成功或失败，然后回到各自原先的岗位上。有些风险小组在使一个构思成功之前尝试了3~4次。每年，3M公司都会把“进步奖”授予那些新产品开发后3年内在美国销售额达200多万美元，或者在全世界销售达400万美元的风险小组。

3M公司是鼓励创新奖的最佳范例，它生产大到采矿设备小到民用胶水等数十万种产品，而且每年都不断有新产品诞生。HP的创始人之一休利特先生在被问到谁是他最为崇拜的模范公司时，他毫不迟疑地回答说：“3M公司。你永远不知道他们下一步会推出什么。但是，即使永远不能预测3M会做什么，你却知道这家公司会继续取得成功。”

从3M公司的创新实例中我们可以看出，创新成功的组织文化通常有如下特征：

（1）接受模棱两可。对目的性和专一性的过分强调会限制人的创造性。

（2）容忍不切实际。组织不压制员工对“如果……就……”这样的问题做不切实际的、甚至是愚蠢的回答。这种答案乍看起来似乎是行不通的，但往往可能带来问题的创新性解决方法。

(3) 外部控制少。组织将规则、条例、政策这类的控制降低到最小限度。

(4) 接受风险。组织鼓励员工大胆尝试，而不必担心可能失败的后果。错误被认为能提供学习的机会。

(5) 容忍冲突。组织鼓励不同的意见。个人或单位之间的一致和认同并不等于能实现很高的经营绩效。

(6) 注重结果甚于手段。确定明确的目标后，个人被鼓励积极探索；有可能实现目标的各种途径。注重结果意味着对于任一给定的问题，都可能存在若干种正确的解决途径。

(7) 强调开放系统。组织随时保持对环境变化的监控，并迅速作出反应。

有三类因素可以用来激发组织的创新力。这些因素是以成果为重、追求远大绩效、将奖励与目标挂钩。

1. 以成果为重

谈到创新，领导者往往会说："我们怎么知道够不够创新？"一个简单明了的标准就是，只要公司能达到绩效目标，就表示够创新。这表示企业在接受任何重大的改变前，都要先设定绩效目标。但实际上，大部分的企业都是在流程设计好后，再来决定评估措施与绩效目标。如果要有效地促进并评估创新，就必须从评估措施入手，并以目标作为一切评估的根据。而且真正的目标应以成果为重，而不是以达成目标的手段为重。

每家公司都有各自的目标和评估要求，因而也就不存在一套固定的评估措施样板。创新和评估可以说是息息相关。评估措施应该能告诉员工，他们需要完成哪些事，而不是要怎么做。此外，评估措施也应该能告诉管理者，业务朝目标迈进了多少，只有这样，才能有效地激励组织成员。

2. 追求远大的绩效

远大的目标对于激发创新有很大的影响。如果绩效目标制定得不好，公司就失去了激励员工创新的重要工具。设定远大的目标是激发创新观念的关键。

公司在制定远大目标时，应该对良好的表现给予奖励，即使目标没有达成也要奖励。因为这总好过降低标准、只奖励达到平凡目标的人。

制定积极进取的目标是创新的动力。当你的目标是远大的时，你就必须把焦点集中在整个组织上，大刀阔斧地改革，如此才能促进创新。

3. 把奖励与目标挂钩

要有效地促进创新，还必须使组织的报酬制度与评估措施相结合，所有的奖励措施都应该以结果为依据。

奖励应该针对员工所能掌控及影响的事情。他们必须有办法调整自身行为，以带来更好的结果。但假如要求他们对无法掌控的结果负责，这不仅有失公允，到头来更会打击士气。

第九堂课

风险管控：
正视创业路上的风险和失败

时刻保持一颗清醒的头脑，企业家天天想的就是危机在哪里

一个管理学家曾说："21世纪，没有危机感是最大的危机。"危机与安逸如影随形，哪里有安逸，哪里就有可能潜伏危机。很多企业在经营困难、发生亏损、濒临倒闭的情况下，一般都会有危机感，并会想尽一切办法寻求解脱，然而在成功时却极容易忽略风险。但风险并不会随成功的到来而消失，因此，作为创业者，要居安思危，经营中多一份危机意识，这样才能避免亏损。

20世纪60年代末，加农采取多种经营，打入计算机市场，公司研究出的键盘式计算器试销后获得成功。但好景不长，没过多久，加农在与"卡西欧"推出的小型计算器的竞争中连连失利，于是公司又改制新型计算器上市，但由于研制仓促，产品缺乏合理性，结果销路不畅，此时又正值第一次石油危机爆发，加农出现巨额赤字，濒临倒闭。

挽救败局成为此时最为紧要的事，董事会最终决定：把危机告诉全体员工，让他们知道企业处于危险的境地，唤起他们的危机感，振奋员工背水一战的士气。

于是公司向全体员工发出危机警告。那些高枕无忧的人紧张起来，继而员工小组加强活动，新建议、新方案层出不穷。危机感激发了许多智慧，如何挽救加农成为员工日常议论的话题。公司归纳了员工的建议和方案，提出了"优良企业设想"。这一设想旨在改革企业的生产和科研体制，同时充分发挥员工的积极性，使加农在6年内走出了困境。

而电脑界的蓝色巨人IBM当年的"惨败"却是一个没有危机意识的

实例。

当大型电脑为IBM带来丰厚利润，使IBM品尝到辉煌的甜头后，整个IBM都沉浸在安逸的氛围里，危机感尽失。在市场环境慢慢发生变化，更多的人青睐于小型电脑时，IBM却对市场出现的新情况不予理睬，麻木不仁，没有意识到市场危机的降临。或者说，在企业不断成长的过程中，IBM没有注意到企业危机管理的重要性，依然沉醉于大型主机电脑铸就的辉煌中，按部就班，继续加大大型主机电脑的市场比重，最终使自己陷入困境。

“没有危机感，其实就有了危机；有了危机感，才能没有危机；在危机感中生存，反而避免了危机。”

《解放日报》曾经刊出过一组照片，是一位记者在哈尔滨北郊虎林园拍摄下的。这个虎林园是1996年年初建成的，占地100万平方米，建园的目的是把动物园里的东北虎放回丛林中让其恢复野性，提高其野外捕食能力和生存本领。据说，当时，虎林园为了让记者拍摄到精彩的“群虎噬牛图”，特意放进了一头小牛。但出乎意料的是“初生牛犊不怕虎”，小牛用牛角拼命抵抗老虎的轮番攻击，结果是老虎灰溜溜地走开了，而小牛成了胜利者。记者在图片说明中解释说：造成虎性消退的原因是老虎所享受的喂养制。

在企业管理中，也有类似的现象，在那些长期实行大锅饭制的企业，员工没有危机感，一旦企业遇到了风险，他们只会束手无策，没有能力去应变，结果可想而知。

面对激烈的竞争，面对残酷的淘汰机制，任何一位企业老板和员工都应该有危机感，有忧患意识。商场上可能有积极进取的常胜赢家，却没有故步自封，恃才傲物的常胜赢家。胸无忧患，掉以轻心，只能是栽跟头。

在企业经营中，私营老板应该努力使每个员工都具有危机感，能意识到饭碗和乌纱帽都是捧在手上而不是锁在保险柜里，然后通过管理把这种

危机感所产生的压力转化成生产力，从而激发和提高企业竞争能力。

危机往往源于细节，不要忽略任何一个细节上的失误

一个出色的管理者，知道在工作时1%的错误会导致100%的失败，所以他们都不会轻视身边的任何一件事情，即使是再简单不过的工作，也要把它做到完美至极，出色的管理者从不会因为1%的错误导致100%的失败。

杰克·韦尔奇说过："所谓的执行力，就是实务运作的细节。"许多管理者的失败，往往是在细节上没有尽力所造成的。往往是一些不起眼的小细节，造成了大的问题。

承载着美国重要航天使命的"哥伦比亚号"航天飞机返回地面时，意外地发生了爆炸事故。飞机上的宇航员全部遇难，让全世界感到震惊。

美国宇航局负责航天飞机计划的官员恩·迪特穆尔被迫辞职。此前，他在美国宇航局工作了26年，并已成功地担任了4年的航天飞机计划的主管。

事后的调查结果表明，造成这一灾难的凶手竟然是一块脱落的隔热瓦。

在高科领域，可以说，航天飞机的整体性能及其众多的技术标准都是一流的，但一小块脱落的隔热瓦就毁灭了价值连城的航天飞机和无法用价值衡量的7条宝贵的生命。那么，谁应该为这个来负责呢？是这个小小的细节，还是负责细节的管理者与领导者？这其中的责任纠纷我们姑且不论，但我们要明白，一个小小的细节上的错误，很容易就让本该完美的结果最终得了零分。

在国内保健品行业，三株曾是一颗夺目耀眼的企业之星，它曾在短短的3年时间里，销售额提高了64倍，达到80亿元，打造出了无比辉煌的保健品帝国，销售网络遍布全国，而且触角直达各地村镇。

总裁吴炳新曾自豪地说："中国第一大网络是邮政网，第二大网络就是三株网。"然而，谁曾想到，一个常德事件，一篇"八瓶三株口服液喝死一位老汉"的报道，便使拥有15万员工的三株这个庞然大物轰然倒下。

三株的垮掉，追溯起来，是他们输在执行的细节上，是因为三株赌气要打赢"常德事件"的官司，结果因小失大，使企业一蹶不振。

事情的原委是，湖南省常德市78岁的老汉陈伯顺曾经是"三株口服液"的消费者。1996年9月，陈伯顺的家属认定他喝了三株口服液导致死亡，并于同年12月向法院起诉。经过历时一年的调查，湖南省高级人民法院判定三株公司胜诉。而在这一年中，"三株口服液喝死一位老汉"的新闻被20多家媒体报导，造成极大的社会负面影响。

虽然官司的结果以三株胜诉告终，但是三株公司没落的悲剧已经无法避免了。1997年三株口服液的销售额接近2亿元，而在事件发生后的1998年4月，三株口服液销售额只有几百万元。一审判决后，三株公司正式员工从15万人减为2万人，直接损失40多亿元。

事实上，三株曾经有足够的时间和机会避免这个悲剧的发生。事情开始的时候，原告曾直接找到三株公司，要求其赔偿20万元，本来是可以"大事化小"的，可三株公司的领导拒绝了对方的赔偿要求，选择对簿公堂，最终被媒体曝光，导致了一系列恶性结果。

三株的失败，根本并不在于新闻曝光，而是其对小事的疏忽与轻视。原告要求赔偿，三株本应该大事化小，小事化了，然后再暗中收回有问题的产品。但三株却采取与之完全背道而驰的做法，与原告对簿公堂。当事件曝光后，三株同样也没有采取积极的措施，而是始终处于被动的状态。

三株集团完全可以事后补救，找到解决的良方，而他们根本就没有去做。真可谓，细节的不等式意味着1%的错误导致100%的失败。一个小问题，居然打垮了这么大的企业。

不过，值得庆幸的是，在现代企业中，许多领导已经从三株身上得到了教训，在管理自己的团队时，愈加重视对自我的细节管理。他们极尽所能地追求极致，尽可能避免1%的错误。

领导绝不放过任何一个细节，追求完美，追求极致的行为自然而然地带动了公司的所有员工。所以，在整个事件发展过程中，公司员工上下一心，紧紧地团结为一个整体，为帮助公司渡过危机出谋划策，从而使得这1%的错误并没有导致琼森公司很大的损失，相反，琼森公司还利用此次危机树立了自己良好的形象。

正所谓，败有败的理由，成有成的道理。忽视一个细节，意味整体的失败，而重视每一件小事则能为公司带来超过100%的收获。身为公司领导者，如果你还不具备管理细节的能力，那么就应该立刻开始培养自己的这种能力。

居安思危，随时做好过冬的准备

在《圣经》中有这样一个故事：世人都在尽情享乐、歌舞升平的时候，诺亚却在孜孜不倦地凿制他的方舟。当漫天的洪水骤然而降时，唯有诺亚登上方舟使得他的家庭与自然界的万物逃过此劫。

对于危机，最重要的是要预防它的发生，并预见可能发生的危机，这也是危机管理的一项主要内容。“风生于地，起于青萍之末”。危机的发生，毋庸讳言，时常带有一定的突发性。如果企业老板不预先制定完善的危机防范策略，并在危机的最初阶段不对其态势加以控制的话，危机造成的连锁反应将是一个加速发展的过程，从初始的经济损失，直至苦心经营的品牌形象和企业信誉毁于一旦。尤其后者，将给企业带来无法估量的损失和最致命的打击。相反，如果企业以危机为契机，抓住危机并从中找寻生机，危机就可能会变为企业的一个转折点。正所谓“塞翁失马，焉知非福”。

古人云：人无远虑，必有近忧。事实也是如此，企业老板越早认识到存在的威胁，越早采取适当的行动，越可能控制住事态的发展。危机管理的重点应放在危机发生前的预防，而非危机发生后的处理。为此，私营企业建立一套规范、全面的危机管理预警系统是必要的。

危机产生的原因是多种多样的，并具有偶然性，可能在某一天因某件事或某个人引发。但是，危机局面的产生却有一个从“准备期”到“爆发期”的变化过程。也就是说，危机的发生都有预兆性的信号，正所谓“冰冻三尺，非一日之寒”，如果私营企业管理人员有敏锐的洞察力，能根据日常收集到的各方面信息，对可能面临的危机进行预测，及时做好预警工作，并采取有效的防范措施，完全可以避免危机的发生或使危机造成的损害和影响尽可能减少。因此，预防危机是危机管理的起点。

1. 成立危机管理小组

危机管理小组的成员必须是对企业具有控制力的人，包括企业主要领导者、公关、安全、生产、后勤、人事、销售等部门的人员，能够很快决策并使其有效执行。小组领导人必须由企业资深人士担任，并且能够控制和带动整个小组。这个人不一定非是企业老板，在危机期间，老板得继续照顾公司营运。而小组领导人必须24小时全天候专心应付。大部分的劳资问题和销售争端都潜藏着危机，所以在危机小组成员中最好包括法律顾问。此外，在危机管理小组中必须包括与政府和新闻界关系良好的成员。

2. 找出潜在危机并评估其可能造成的风险和影响

定期进行企业运营危机与风险分析，针对目前企业运营的各层面，包括生产、制造、服务、品牌、销售、投融资等各个环节进行分门别类的危机分析。风险和影响的评估应从每个单独的对象群体来考虑，包括对内对外，因为任何一个和公司有接触的对象，都可能受到公司危机的影响。

3. 依据潜在危机拟订危机管理计划

危机管理计划是步步为营，针对每一个对象群所可能引发的每一个潜在危机而研究拟出，最后成果形式可以提炼为一本《危机处理手册》。它能为危机管理小组提供实质的资料，让其知道如何去控制管理危机状况。当然，手册中的所有指导方案都在法律允许的范围之内，并有相当大的运作弹性。新加坡的一家观光饭店曾研拟了160种不同的危机状况，而最后编辑出来的危机处理手册更达400页之多。

4. 将拟订的计划付诸模拟训练

即不定期举行针对不同对象的危机爆发模拟训练。企业是否能真正具有快速处理危机的能力？实践是最好的试金石。成熟的企业之所以能有良好的危机处理能力，与其平时进行的危机模拟训练是分不开的。这与消防人员的消防训练、部队的军事演习在本质上是相通的。逼真的演练可以测试和检验所拟订的危机处理计划。

5. 注意为处理危机广结善缘

在分析完各种可能带来危机的环节和对象后，你可能已经发现谁会是你的潜在敌人。在危机发生时，你最需要哪些朋友和后盾。所以，分析出了特定对象群之后，你就应该开始和他们建立关系。把握时机，从现在就开始广结善缘。对于重要组织和特定单位，你应该想尽办法贴近它们，同时累积企业声誉以争取友谊并影响大众。另外，你还要根据企业可能发生的危机，与处理危机的有关单位建立联系，形成网络，并事先让他们了解可能出现的危机以及可能寻求的帮助。这些单位包括：政府、司法机构、新闻媒体、同行、相关科研机构、银行、保险公司、医院等。

6. 做好危机传播方案，控制不利报道可能引发的风险

首先，确定公司的发言人（包括总裁）并接受过专业训练。发言人必须有在任何情况下与任何媒体打交道的心理准备，因此他们必须接受训练，了解媒体的运作和属性。

其次，正确地对待和利用媒体。公关专家帕金森认为，危机中传播失误所造成的真空，会很快被颠倒黑白、胡说八道的流言所占据，“无可奉告”的答复尤其会产生此类问题。过时的消息会引起人们猜疑，并导致不正确的报道，使公众怀疑企业对某些信息采取了掩盖手段。因此，有效的传播管理是有效危机管理的基础。

危机公关，化解危机并利用危机

在现代的市场经济条件下，每一个企业在运营过程中都难免遇到一些具有负面影响的事件，甚至危机。危机的发生固然会给企业带来许多不利的影响。但从某个角度看，每一次危机既包含了导致失败的根源，同时也蕴藏着成功的种子。危机管理做得好，往往可以使危机变为商机。

1982年9月30日，美国芝加哥突然传出爆炸性新闻：有7人因服用一种叫“泰莱诺尔”的止痛药，而招致氰化物中毒死亡。此外，还有250人可能因此而生病或死亡。

这一消息对“泰莱诺尔”的生产者——美国强生公司来说，可说是一场猝不及防的大灾难。而整个美国市场也立即陷入了巨大的恐慌中，毕竟美国有1亿多人在使用“泰莱诺尔”。“泰莱诺尔”被全部从货架上撤了下来。与此同时，专家们要求立即停止这种药的生产，新闻媒体更是蜂拥而至，唯恐天下不乱……

而面对失去公众信任的巨大危机，强生公司迅速作出反应。

调查表明，芝加哥地区的7位药物中毒死亡者，并非因为“泰莱诺尔”，而是一个疯子所为。这个与工厂无关的人，在药店买了“泰莱诺尔”后进行了调包，将氰化物倒进了药瓶，然后又退给了药店。至于其他250人，他们的生病或死亡均与“泰莱诺尔”无关。

面对这一调查结果，强生公司仍丝毫不敢懈怠。在发生中毒事件后，强生公司马上通知了食品及药物管理局，追回了它在31个州的药品，并当即销毁；发出了45万封电报请各医疗单位提高警惕；设立了专用电话线，并通知新闻单位，请世界健康组织向各地药品供应商通知，以保护泰莱诺尔的海外市场。从9月30日事件发生，到10月上旬，“泰莱诺尔”生产全部停止。

之后，为了了解“泰莱诺尔”事件的影响程度，强生公司还进行了为期7周的调查，其中包括7000多次的直接电话询问。调查结果表明，有90%的人知道这次事件，值得庆幸的是，知情者中有90%的人认为强生公司不应该受到指责，因为公司为保护公众利益已经采取了行动。公司了解了这些，并在“泰莱诺尔”事件发生一个月以后，就开始制订并实施了市场恢复计划。

他们举行了一个由30多个城市参加，通过卫星转播的电视记者招待会。招待会上，面对500多名记者，强生公司董事长首先发表讲话。他感谢新闻媒介公正地对待“泰莱诺尔”事件，并向记者们介绍了重返市场的有抗污染包装的“泰莱诺尔”新药，然后邀请记者提问。

自记者招待会以后，公司通过报纸分发了大约800万张面值2.5美元的“泰莱诺尔”新药折扣优惠券，有43万客户打电话索取折扣优惠券。虽然“泰莱诺尔”事件刚刚发生不久，但由于公司这些有力的措施，使其新包装的“泰莱诺尔”的市场占有率回升到了35%，这不能不说是个奇迹。

可见，危机背后可能就是机遇，很多企业在面临危机时能绝处逢生。危机的出现并不可怕，可怕的是公司管理者临阵惊慌失措，手忙脚乱，缺乏应变能力，不能及时处理发生的危机，不能采取有效的解决办法和补救措施。

私营老板面对危机，最需要的就是沉着冷静的心理品质。人在危急时容易恐惧、紧张、行为失措，结果只会错上加错，雪上加霜。因而，只有冷静下来，人的智慧才能“活”起来，才能寻找到摆脱危机的办法。

（1）尽快地掌握事实真相的原貌。这是妥善处理事件的前提。所谓“知彼知己，百战不殆”，即在处理危机时，首先要明确的就是危机的症结，找到危机产生最根本的矛盾所在，才有可能找到消除危机的突破口。

（2）调查研究，弄清危机来源。只有首先通过调查研究，弄清事情的来龙去脉，你才能为以后事件的处理做到有的放矢。

（3）联系传媒，争取舆论支持。“成也萧何，败也萧何。”由于新闻界的特殊地位，新闻媒体的影响范围异常广泛，对公众的舆论导向作用极大。所以，发生危机后，管理者应广泛联系新闻界，利用新闻传播，增加组织的透明度，增强组织与公众之间的沟通与交流，消除事件的影响。

（4）坦诚对待公众和新闻界。危机一旦发生，往往成为新闻媒介及公众关注的焦点，这时当事人的坦诚往往成为博得新闻界的信任与支持的有效武器。

（5）维持企业形象，消除事件后果。企业形象是企业安身立命的条件，良好的企业形象将有助于企业博得公众的信任与好感，而恶劣的企业形象则有可能使企业的活动寸步难行。在危机中企业形象也极有可能受到挫伤，因此在处理危险的策划中，管理者要由始至终注意公司形象的维护。

美国航空公司总裁格雷格·布伦尼曼说：“危机不仅带来麻烦，也蕴

藏着无限商机。”在企业经营活动中，每个私营企业都有可能遭遇某个危机时刻，此时就需要老板沉着冷静，力挽狂澜，果断采取措施，英明决策，变危机为良机。

在逆境面前要具备独当一面的能力

有这样一句充满哲理的话：“逆境是人杰的摇篮，磨难是成功的良伴，挫折是英才的乳汁，悲痛是奏凯的琴键。”因此，能不能将低谷变为磨炼自己的机会，能不能把失意变成增长见识的财富，关键在于人们是否有走出困境的信心。

黄昏时刻，有一个人在沙漠中迷了路。天色渐渐地暗了，黑夜即将来临，恐惧和危险，也在一步步逼近。这个人心里明白：在黑暗中沙漠更加危险。尤其是沙漠中成群结队的饿狼，所过之处，生灵全无，更是让人闻风丧胆。四周万籁无声，对他来说，这寂静更增添了几分不安，死亡的恐怖正威胁着他，侵袭着他。

他不敢停下来，也不敢大步地走，抬头看了看上方，在远方的夜空中，几点微弱的星光，一闪，一闪，似乎带来了一线光明，很快又消失在黑暗里，留给人一线若有若无的光亮。但是对汪洋中的溺水者来说，一根空心的稻草都是珍贵的，都认为是救命的法宝，虽然一根稻草是那么的无济于事。这若有若无的光亮似乎也带给他了少许的安慰，让他鼓起勇气，继续向前走去。

突然间，眼前出现了一位流浪汉，他不禁欣喜若狂，上前叫住，探询走出去的路，这位陌生的流浪汉很友善地答应帮助他。走呀走，他终于发现这位陌生人和他一样，也迷失于无边的荒漠中。于是他失望地离开了这位迷途的陌生伙伴，再一次回到自己的路线上来。不久，他又碰上了第二个陌生的人，那人肯定地说他拥有逃出沙漠的精确地图，他又跟随这个新的引路人，不久又发现这只是一个自欺欺人的人，他的地图只不过是自我欺骗的结果。于是他陷入深沉的绝望之中，他曾经竭力问他们有关走出沙漠的知识，虽然他们说得头头是道，但他们眼神后面隐藏着的忧虑和不安让他知道：他们和他一样的迷茫，一样的无助。他漫无目的地走着，一路上的迷茫和失望，使他由惊慌而变得恐惧起来。无意间，当他把手插进自己的口袋时，摸到了一个东西，那是一张地图，一张能走出沙漠的正确的路线图。

他若有所悟地笑了：原来它始终都在这里，只要往自己本身去寻找就行了。从前他忙着询问别人，反而忽略了最重要的事——回到自己身上找。

这个故事告诉我们，每个人都有受到挫折的时候，情绪低落是多余的，也起不到任何作用。相信自己，每个人心灵深处都有天生的向导，能指引自己离开忧虑和沮丧的黑森林，走出绝望失落的荒漠。

生活中的逆境总是难免的，相信自己，机会往往就在身边，走出迷宫的钥匙就在自己的口袋里。但是我们一定得靠自己的能力，只要不断地努力追寻，就有希望出现，就有可能在逆境中创造出奇迹。如保罗·泰利斯博士指出：

在每个令人怀疑的深坑里，虽然感到绝望，我们对真理追求的热情，依旧不停地存在。不要放弃自己，而去依赖别人，纵使别人能解除你对真理的焦虑。不要因诱惑而导入一个不属于你自己的真理。

曾经看过一则寓言，大致上说的是这样一个故事：

狮子最近碰到了一点小麻烦，于是它找到天神，说道：“我很感谢你

给了我雄壮威武的体格、强大无比的力气，让我有足够的能力统治这座森林。”

天神听了，微笑着问：“你来找我不只是想感谢我吧？看起来你似乎有了什么麻烦啊？”

狮子很满意天神的回答，说：“还是天神了解我啊！我今天来的确是有事想找你帮忙。尽管我是森林之王，体格强壮，所有的动物都很尊敬我，但是每天早上鸡打鸣的时候，我总是会被吓醒。祈求万能的神帮帮我，让我不再被鸡鸣声吓醒吧！”

天神听了之后思考了一会儿，笑着对狮子说：“你去找大象吧，它会给你一个满意的答案。”

狮子听了天神的回答，满意地走了。它回过头去湖边找大象，但是还没见到大象，远远地就听到大象发怒跺脚所发出的巨大响声。

狮子很奇怪，赶紧跑过去，老远就看到大象正气呼呼地跺脚，看起来十分焦躁愤怒。

于是狮子就问大象：“你怎么啦？发这么大的脾气？”

大象拼命地甩着它的大耳朵，气冲冲地吼叫着：“有只讨厌的蚊子，它一个劲地想钻进我的耳朵里，我都快给痒死了。”一边说还一边不停地跺脚，甩动它的长鼻子，看起来非常痛苦。

看到这种情景，狮子也无可奈何，它也帮不了大象的忙，就摇摇头离开了大象，心里暗自想着：“没想到体型这么巨大的大象，竟然会被小小的一只蚊子折磨成这个样子，那我还有什么好抱怨的呢？毕竟鸡打鸣也不过一天一次，而蚊子却时时刻刻地骚扰着大象。如此看来，我已经算得上是很幸运的了。”

看着仍在跺脚的大象，狮子心里又想：“天神要我来找大象的原因，应该就是想借此告诉我，谁都会遇上一些麻烦，它也不可能去帮助所有的人，把所有问题都解决了。既然如此，那就只能靠自己了！以后鸡打鸣时，我就当作鸡是在叫我起床，这样一来，鸡打鸣对于我来说反倒是一件好事呢！”

在人生的路上，无论我们走得多么顺利，但只要稍微遇上一点不顺心的事，就会习惯性地抱怨老天亏待我们，进而祈求老天赐给我们更多的力量，帮助我们渡过难关。但实际上，老天是公平的，就像它对狮子和大象一样，即使狮子大象有了强大的力量，仍然会被一些小问题所困扰。每个困境都有其存在的价值，关键是怎么去对待。只要愿意相信自己，任何处境中，都能创造出机会，不管什么困难，都可以克服。

黑暗日子的重要一课：做创业“小强”

一个人无论处在何种环境中，都不要抱怨命运的不公，而是通过积极的行动去改变自我的处境。然而，令人遗憾的是，在现实的生活中，大多数的人，尤其是二十几岁的年轻人，在遇到不如意的时候，并非想着怎样去改变，而是在抱怨。

要知道，如果你想抱怨，一切都会成为抱怨的对象。可是，一味地抱怨不但于事无补，有时还会使事情变得更遭，只有积极的行动才能改变现状。在这方面，罗斯福堪称一个典范。

罗斯福1900—1907年就读于哈佛大学和哥伦比亚大学。他“中年成器”，1910年当选为纽约州参议员，1913—1920年任助理海军部长，是政界和军界中一颗耀眼的新星。

事业上如日中天的他，1921年却意外地患了小儿麻痹症，下肢瘫痪。起初，他一点也不能动，必须坐在轮椅上，整天依赖别人把他抬上抬下。

在突如其来的打击下，他差点心灰意懒，退隐乡园。

然而，厄运并没有将他击垮，他重新振奋起来，正视自己的残疾，坚持一个人不屈不挠地练习自理、自立的能力。

有一天，他告诉家人，他发明了一种上楼梯的方法，并愿意表演给大家看。原来，他是先用手臂的力量，把身体撑起来，挪到台阶上，然后再把腿拖上去，就这样一个台阶一个台阶艰难缓慢地爬上楼梯。

他的母亲阻止他说："你这样在地上拖来拖去的，给别人看见了有多难看。"

罗斯福果断地说："我必须面对和战胜自己的残疾。"

天助自助者。7年之后，罗斯福不仅东山再起，而且逐步攀登上人生的巅峰。

1928—1933年，他出任纽约州州长。任期内，美国发生严重经济危机，他采取措施，建立救济机构，颇见成效。1933年3月，罗斯福以高票当选入主白宫，对内积极推行以救济、改革和复兴为主要内容的"新政"，对缓解经济危机、促进经济复苏起了一定作用。在对外关系上，改善与拉丁美洲各国的关系，并与苏联建交。在1936年、1940年和1944年的大选中，罗斯福又连续三次当选，成为美国历史上唯一蝉联四届的总统。

面对突如其来的厄运，罗斯福没有一句"怨言"，没有自暴自弃，而是正视自己的命运，不屈不挠，最终成为一个成功的人。试想，如果当时罗斯福被厄运打垮，从而怨天尤人、不思进取，绝不可能有昔日的辉煌人生。

说实在的，世上确实有很多不公平的事，有很多值得埋怨的事。但是，如果我们回过头来想想，世上根本不可能会有什么十全十美。如果我们一味追求完美，抱怨社会，抱怨他人，如果我们一定要等到世上所有条件都完美后才开始行动，那么只好永远等下去了。有的人为什么一辈子都干不了一件事情，原因正在于此。相反，有的人也对自己的现状不满，但他却起来行动，力求改变现状，而不是埋怨，结果行动者却成功了，而埋怨者依旧一事无成。

有一个年轻人雄心勃勃，想作出一番事业，但经常向朋友哀叹自己没有机会，抱怨命运注定让他平庸，他自己永远都不可能开创自己的事业，而只能为别人打工。其实他最大的一个特点就是处处看到不可征服的困难。他告诉朋友说，如果别人能帮助他开办一个企业，他一定能取得成功。我敢断定他不太可能取得成功，因为他不具备成功的品质。他承认他不能泰然自若地面对危机，他承认自己软弱，他承认在面对困难时自己显得无能为力，而别人却能克服这些困难。

另一个年轻人生在一个普通的家庭，他渴望受到更高的教育，渴望上大学，但是没有依靠自己的努力去争取机会，而是抱怨自己不如别人幸运，没人资助，没有一个富翁爸爸，自己无能为力。我们明白这个年轻人其实并不真的渴望求学，他只想不劳而获而已。

有的年轻人知道自己追求什么，却畏惧成功道路上的困难。他把一个小困难想象得比登天还难，一味地悲观叹息，直到失去克服困难的机会，一次又一次地陷入恶性循环，终将一事无成。而成功者，无论遇到什么困难都不会抱怨叹息，在他们看来，说不定这些困难正是成功的契机。

在马德里的监狱里，塞万提斯写出了《堂吉诃德》，那时他穷困潦倒，连稿纸也买不起。有人劝一位富裕的西班牙人资助他，那位富翁却说："上帝禁止我去接济他的生活，唯有他的贫穷才能使世界富有。"另外，笛福的《鲁滨孙漂流记》、罗利爵士的《世界历史》、中国古代历史学家司马迁的《史记》也都是在监狱中写出的，这位中国人的境遇最为悲惨，他入狱前施以宫刑。

音乐家贝多芬在两耳失聪、穷困潦倒之时，创作了他最伟大的乐章。席勒病魔缠身十五年，却写出了他最著名的著作。为了得到更大的成就和

幸福，班扬甚至说："如果可能的话，我宁愿祈祷更多的苦难降临到我身上。"

成功的人从来不向别人抱怨，因为他们没有什么抱怨的理由，他们能勇敢地面对事实，通过自己努力来实现理想，从不靠等待和别人的怜悯。

然而，二十几岁的年轻人由于处在一个特殊的时期，责任感和感恩的心态还不健全，比较容易怨天尤人。有些二十几岁的人总是迫不及待地收下生活惠赐给自己的一切，但当他变得不再轻松愉快的时候，就立刻抱怨生活不公。

有一些二十几岁的年轻人抱怨家庭条件不好，没有钱买名牌的服装，未来的成功只能靠自己艰苦奋斗；有的抱怨学业繁重，没有时间放松和休息；还有的抱怨事业没有着落，一切都显得太渺茫而无从下手。

但是他们似乎很少再深一步思考，抱怨就能让成功的道路平安坦荡了吗？抱怨就能让我们眼前的烦恼烟消云散了吗？

成功本来就是酸甜苦辣的大集合。抱怨只会阻挡你前进的车轮，让你失去翻山越岭的勇气，只能让你站在原地捶胸顿足，甚至改弦易辙。只有"正视淋漓的鲜血"，"直面惨淡的人生"，才能振作精神，感谢生活的磨炼，继续追求成功的目标。

正视失败，在失败中寻找成功的方法

也许你并不知道，如今青岛港令人羡慕不已的20万吨原油码头其实在一开始发生了许多危机，以至于一度被搁置。

1988年，出于对胜利油田产油量的乐观判断，有关部门决定投资3亿元人民币在胶州湾的黄岛（地处青岛对面）修建从油田到青岛港的输出管道。然而，胜利油田的原油不仅没有增产，反而持续下滑，直至干涸！这时，已经修好的码头整个处于晒太阳的闲置状态，无人验收。青岛港每年的维护就要花费达300万元，一年光处理的管道铁锈就达8吨。一时间，看不到前景的黄岛码头对于青岛港成了“鸡肋”，左右不是。

但青岛港新任掌舵人常德传上任后，却果断决定验收码头。因为常德传看到了机遇：中国经济正在大力发展但是能源供给不足，因此他预计到：大量原油进口将成为中国发展经济的必然选择。

但是验收完了以后，又出现了新危机：港口只有四个地下油罐，储油能力仅为8万立方米。有了这块“短板”，还是引不来船主。而常德传的自强性格又使他筹资16亿元自建油罐。直到1995年全面启动，青岛港已经拥有了180万立方米气势恢弘的大油罐群。

由一个无人敢验收的“鸡肋”，变成如此宏伟的青岛港，这其中经过了很多危机，但同时也蕴含着许多转机。

所谓“危机”与“机遇”之别，并没有一个固定的尺度，皆取决于领导者在什么时机，以什么眼光、什么心态去看。如果只从货源不足的环境现实、原油输出的项目价值、明哲保身的处世哲学的角度来看，黄岛油港绝对是一只无法对付的“鸡肋”；如果领导者从国际石油发展趋势来看，那么黄岛油港，就是一个发展的机遇。

尽管有时成事在天，但前提还是谋事在人。而谋事的素质，则在于领导者明察天下的眼力、前瞻决策的能力、当机立断的魄力和坚持不懈的毅力。

危机就是困境，但危机也是转机。有句老话叫：不入虎穴，焉得虎子。那些致之死地而后生的，都是能够利用危机，从危机中找到转机的。

谁都想过太平的日子，领导者也是。但是在领导活动中总会有一些突发的棘手事件，如果是没有充分的准备和应变，就会使组织或团体陷入一

种危机之中。古人讲，居安还应该有思危的准备和意识，那么，危机事件就是在考验领导应变能力。此时，领导者必须根据突变的情况，随时调整领导行为，这样将帮助领导者走出困境和危机，确保领导活动获得圆满成功。

俗话说："人在家中坐，祸从天上来"，在这个竞争空前激烈的年代，不会永远风平浪静，也许明天就会惊涛拍岸，大祸临头。危机事件是不可预见的，领导者如果能居安思危，时刻准备着应付危机事件的来临，到时方能临危不惧，冷静地处理危机事件。

同时，领导者要善于与各方面建立良好的沟通关系，利用新闻媒体将危机产生的原因及时公之于众，借以消除公众的疑虑。事件的影响由媒体而生，消除事件的影响也非媒体不行。处理得当，不利会变成有利。

危机是挑战也是机遇，掌握主动权是最重要的。领导者如果能够抢占先机，先发制人，就能够将控制局面，使事态向有利于自己的方向发展。

危机是随时都存在的，但它的出现却总是无章可循，通过偶然的形式出现，令人难以预料，措手不及，但这又关系到领导者以及组织的安危，不得不处理，而且还要处理好。领导者必须看到"危"中有"机"，祸中有福。如果领导者善于抓住机遇，以创新思维和行动迎接挑战，取得先机，先发制人，那么，领导者将能避免危机造成的危害与损失，巩固领导者自己的地位，提高领导效能，推动组织的发展与进步。

第十堂课

责任与感恩：做对社会有价值的创业者

诚信——创业者的心灵法则

一个真正熟悉商业运筹的人，他会明白，唯有诚信才能使企业发展壮大，也唯有诚信，企业才能赢利。虽然，这需要一个较长的过程，但其远景是相当可观的。有些商家根本看不到这一点，急功近利，开业没多久就陷入了死胡同，更要命的是他们不讲诚信，即使偶尔讲了一两次，但不能持久，所以他的企业只能搁浅。

要知道，赚钱的企业不一定就是成功的企业，唯有讲诚信的企业才是成功的企业，因为有信誉的企业才能长久赚钱。

张茵，深谙此理，她正是靠着这一点圆梦的。

张茵是黑龙江省鸡西市人，她现在是美国中南有限公司的总裁，美国工商协会名誉会长。1997 年她的公司在美国“妇女企业五百强”中排名第九十五位，在 2002 年的评选项中跃居第五十四位。她是造纸行业里的一颗明星，被很多媒体称为“造纸大王”。她说她的事业是从诚信起家的。

当年，27 岁的张茵放弃了家乡的稳定工作和住房，带着自己的全部积蓄——三万元人民币和一个奋飞的梦想来到香港。然而要在香港这个世界级的金融中心立足，仅靠自己微薄的积蓄和奋飞的梦想是远远不够的。一个香港老板以年薪五十万港币的优厚待遇聘请她，可是她婉言谢绝了，她想创立自己的事业。经人介绍她和别人合伙办了一家公司。之后她才进入造纸行业。她始终坚持不懈，首先是回收废纸，其次是用废纸制成纸浆，最后是再用纸浆制成新纸。张茵的公司既出售纸浆也出售成品纸。她的客户中有很多是内地人，他们经常采购她的纸浆。当时内地的一位造纸厂的厂长对她说：“从香港进口的纸浆多掺有水分，不是百分之百的纯纸浆，质量不好，使用起来也没有什么好的效果，我希望您能够改变这种现状。”

一语点醒梦中人，张茵想：要比别人做得更成功，就应该在信誉上取胜。于是她开始生产不掺水的纯纸浆，生意果然比以前好多了。可是，往纸浆里掺水在当时已经成了香港造纸行业的“行规”，没有人敢破坏这个不成文的规定。偏偏是一个新入行的弱女子破坏了这个规矩，于是她的灾难就来了。她经常接到黑社会的恐吓电话，连她的合作伙伴也开始欺骗她，偷偷地往纸浆里加大量的水，让她蒙受了巨额的经济损失。但是她毫不退缩，仍然坚持自己的做法，不久人们都知道香港有一个诚信经营的女造纸大王，纸浆里不掺水，于是都争着来购她的纸浆。香港造纸业的同行为了和她竞争，也不得不生产纯纸浆。她为香港造纸业的健康发展做出了很大的贡献。

香港毕竟是一个小岛，很难大量收购作为原材料的废纸，不能圆她“造纸大王”的梦。于是在1990年她又来到美国，在这里她依然坚持诚信第一，以品质取胜。不久她的中南有限公司在美国建起了七家打包厂和运输企业，成了真正的“造纸大王”。

一个人有了信誉，就可以说拥有了一种生存立足的资本，只要再加以完善，就可以过一种既富足又快乐的生活；一旦失去信誉，就好比一棵倒下的大树，再也没有它那生存的空间。

信用对于做人十分重要，古代先贤认为信用是为人之本，孔子就说：“人无信不立。”一个人没有信用，就没有人相信他，不被相信的人，就不能在社会上立足，干不出什么大事。能成大事大业者，多以布信义于天下，信与义相结合，就深得人心，故得人信任、支持和拥护。

爱默生曾说过：“信任别人，别人也会向你表示忠实。”你信任对方，向对方表示你的真诚，别人就会回报给你以信任，相互真诚与信任便共同创造诚信。

一位哲人还说过："真诚是力量的一种象征，它显示着一个人的高度自重和内心的安全感与尊严感。"真诚待人，恪守信用，别人就有一种安全感、信赖感和成就感，就愿意和你交往、共事、合作。一个人的成功，必须得到别人的信任和支持，必须与别人情感交融，不信任别人的人是很难取得成功的。

责任——创业者的心灵坚守

社会学家小戴斯说："放弃了自己对社会的责任，就意味着放弃了自身在这个社会中更好地生存的机会。放弃承担责任，或者蔑视自身的责任，这就等于在可以自由通行的路上自设路障，摔跤绊倒的也只能是自己。"

相反，如果你敢于承担责任，并且圆满地完成了任务，那么你将受到包括老板在内的所有人的尊重，当然，如果下次有机会升迁，那这个机会就非你莫属了。在任何企业中，每一个人都承担着一定的责任，不要以为自己只是一名普通的员工，其实你能否担当起你的责任，对整个企业而言，同样有很大的意义。可是现实的情况却让人觉得非常遗憾：很少有人真正承担起了自己的责任。我们所能看到的通常是这样的现象：

一家公司出现的效益下滑，在公司例会上，总经理就此问题要求各部门的负责人发表自己的看法，以寻求解决之道。

销售部经理首先发言："最近销售业绩下滑，我非常着急。我对竞争对手与我们的销售数据进行了具体分析，主要原因有两个：第一，竞争对手缩短了销售渠道，越过一级经销商，直接做二级经销商，我们的一级经销商自然发货量少了很多；第二，我们最近一段时间向市场推出的新产品跟不上竞争对手，与去年同期相比也少了很多。客户总是抱怨我们的产品老化。对此，我们销售部是有一定的责任。但是分析具体原因，我认为是市场部对形势研究得不充分、不到位；研发部的效率也跟不上市场的节奏，希望二位部门经理今后协助我们的工作。”

市场部经理马上跳起来，说：“我们的预算本来就少，人手也不够，这个月又有两位员工辞职，拜托销售部做的市场调研，他们又迟迟反馈不回来，工作开展很困难。人力资源部、销售部的效率要提高，要不然，我们很难开展工作！”

研发部经理这时不紧不慢地说：“我们最近推出的新产品是比竞争对手少了一些，也比去年同期少了很多。但是大家都清楚，我们今年的预算也比去年削减了许多。自然，降低成本是必需的，可总不能丢了西瓜捡芝麻。另外，对研发人员的激励措施迟迟不能到位，他们的积极性很难调动。”

人力资源部经理说：“我们已经很努力在招聘员工了。但是拜托各位，你们招人要提前和我打招呼，明天用人，今天才告诉我，这让我怎么开展工作呢？有时候对招聘岗位的要求又说不清楚，我也很难办呀。”

财务总监也有想法，他说：“的确，我是削减了一些部门的预算。但是你们想想，公司的成本上升，利润下降，当然没有多少钱啊。”

这时，采购部经理跳起来：“我们的采购成本是上升了10%，为什么，你们知道吗？俄罗斯的一个生产铬的矿山爆炸了，导致不锈钢价格上扬。我们需要的不锈钢瓶价格大幅度上升，我能怎么办，是天灾还是人祸？”

制造部经理说：“这么说，你们都没有责任，那公司怎么办？我们销售下滑是明摆着的，这样开会根本就没有意义，大家都在说自己的难处，根本就解决不了问题！”

销售部经理很不高兴地说：“大家是有责任，可你的部门就没有问题吗？你承诺的交货期总是不能按时完成。”

制造部经理："……"

采购部经理："……"

很明显，这些经理都在推诿自己的责任。当然，在工作当中，有很多事情并不能明确地界定出这是谁的责任，但是这并不能成为我们推诿责任的理由。企业要想发展，员工自身要想提高，就应该勇敢地承担起责任。天赋责任，不容推卸，正是责任把所有的人联结在一起，任何一个人对责任的懈怠都会导致恶果。换一种说法：老板雇用员工的目的是什么？是执行一系列的任务然后承担其中的责任。

或许这些经理看了下面这个故事之后，会觉得后悔，甚至是汗颜。

这是西点军校口口相传的这样一个故事：

一个漆黑的大雪天，中士小蒋正匆匆忙忙地往家赶。当他经过公园的时候，一个人拦住了他。

"对不起，打扰了，先生，您是军人吗？"看起来，这个人很焦急。小蒋不知道发生了什么："噢，当然，能够为您做些什么吗？"

"是这样的，刚才我经过公园的时候，听到一个孩子在哭，我问他为什么不回家，他说，他是士兵，他在站岗，没有命令他不能离开这里。谁知道和他一起玩儿的那些孩子都跑到哪里去了，大概都回家了。天这么黑，雪这么大。"这个人说，"我说，你也回家吧，他说不，他必须得到命令，站岗是他的责任。我怎么劝他回去，他都不听，只好请先生帮忙了。"

小蒋的心为之一震，"好吧，我可以这么做。"他说。

小蒋和这个人一起来到公园，在那个不显眼的地方，有一个小男孩在那里哭，但却一动不动的。

小蒋走过去，敬了一个军礼，然后说："下士先生，我是中士小蒋，你为什么站在这里？"

“报告中士先生，我在站岗。”小孩停止了哭泣，回答说。

“天这么黑，雪这么大，为什么不回家?”小蒋问。

“报告中士先生，这是我的责任，我不能离开这里，因为我还没有得到命令。”小孩回答。

“那好，我是中士，我命令你回家，立刻。”小蒋的心又为之一震。

“是，中士先生。”小孩高兴地说，然后还向小蒋敬了一个不太标准的军礼，撒腿就跑了。小蒋和这位陌生人对视了很久，最后，小蒋说：“他值得我们学习。”

是的，我们每个人都要像这个敢于承担责任的孩子学习。在现代企业当中，需要的正是这样一种深深的责任感。只要有这种责任感，企业才会紧紧抱成一个团，才会具备良好的竞争力，在市场冲击当中生存下来。

围绕消费者需求和价值才是王道

什么是企业的王道？那就是不树立“顾客永远是对的”的观念，一切的行动都围绕着消费者的需求和价值。企业作为一个经营性的组织，要赢得利润，没有顾客爽快掏腰包的举动，如何能够实现赢利？我们知道，为顾客提供有价值的产品与服务，是企业得以生存的必要条件，这种有价值的产品和服务，关键是要获得顾客的认同，得不到顾客认同的产品和服务就没有任何价值可言。因此，作为企业的经营者及其全体员工，都应该树立起以顾客为导向的文化，真正把顾客当成“上帝”。

戴尔是一家计算机公司，但是，迈克尔·戴尔相信应该注意客户的需求，而不应该仅仅注意技术。那意味着他和公司要关心客户消费的全过程——包括服务，戴尔把这种关心看作是竞争的下一个领域。

2000 年年中，戴尔推出了一款新的笔记本计算机，那款是适合企业用户的，在最短的时间内可以收集到足够的品质资料，这就是一个验证。产品卖出去以后，来自加州的一个大学反映，他们买了一部分这个机种，发现它有问题。因为大学里面的用户在课堂和办公室里进进出出，机盖的关合很频繁，他说这个计算机开合几次以后就撑不住了，这个面板就会倒下去。公司的工程部就做了一些分析，发现铰炼是有技术的问题，再经过科学的计算预估大概有 30% 要回收。可是在美国一旦不良，一台台退回来，运费、人工，加上零件的成本，每一件产品的回收成本要 200 美元 ~ 300 美元。但这时候戴尔的直销优势又看出来了，因为是直销，他们马上查出来过去所卖的对象都在哪里，哪一个客户买多少台，在资料里都非常清楚。他们组织了一个小组，让他们巡回服务一遍，帮所有买这个机种的客户更换零件。

这样一趟服务下来，达到几个效果：

第一，集中服务，成本大幅度降低，你可以用最低的成本把这些笔记本计算机修好。

第二，客户非常满意，他说戴尔能够那么贴心地帮我们维修这些计算机，对戴尔的满意程度大幅度提升。

第三，OEM 制造商也非常高兴。如果我们要等 OEM 制造商一台台回来换，他们要负担的成本是非常高的，我们主动出击帮他们修好，在成本方面都控制得非常低。

迈克尔·戴尔是一个依靠收集大量数据制定企业短期和长远经营战略的决策型 CEO。这家个人计算机制造商专门训练员工每天记录售后服务电话和整理消费者 50000 多条意见，然后将它们上报给管理层。另外每个星期五，公司世界各地所有部门经理要集中起来参加消费者促进会，在会上某位对公司产品存在意见的消费者可以通过电话向经理们投诉。戴尔解释说：“关键是让整个公司能够对消费者敏感起来，我们希望每个员工能够认真听取消费者的意见，让他们听到由于自己产品问题而引发的不满。”消费者的投诉电话也能够激发戴尔公司关于新的产品和服务的创意。比如，许多消费者曾打电话询问戴尔公司是否生产一种小型而功能强大的笔记本电脑，结果公司立刻开始生产和销售一种基于100赫兹奔腾芯片的型号，成为最早提供此类产品的计算机公司中的一员。

戴尔里面有一个副总裁，他的作用就是不断设想各种可能的方案，怎么样去抓住客户的心，怎么样让客户一黏上就跑不掉。戴尔也增加一些技术，一旦采购他们的产品就是互相绑在一起跑不掉了。一般客户都了解，你要买50台电脑，30台要怎么配备，20台要怎么配备，他们完全照你的要求做，你要什么样的软件，他们帮你做好，甚至你的财产标签他们也帮你贴好。

所以，公司里负责IT产品的人员只要登记好数量以及财产编号，直接发给员工用就可以了。已经做到那么细的程度，换句话说，已经把客户宠坏了，客户也就跑不掉了。这在平常也许我们不会想到那么深，但是戴尔这么大的公司的确可以做到这么细。

由戴尔的成功我们自然意识到了关注客户的重要性，但如果想要提供如戴尔一样的优质服务，就要有一个可靠的客户满意计划。有几条规则：

参与上层管理：上层管理不能与那些关于管理的公开谈话或备忘录脱离。只有当上层管理收集了客户满意程度的数据，坐下来进行相互作用的团队会议，并决定要做什么，客户满意的重要性才能显现出来。

让客户告诉你什么东西对他们是重要的：不仅需要发现客户所需要的，还必须用“客户自己的语言”进行学习。如果需求很快转变为公司的语言，例如：技术说明书，就会在交易中有所失去。

了解客户的要求、期望和需求：要求是客户都会有的属性，期望是客户应该能够期待的产品或服务标准。需求是客户想拥有但未必真的期望的那些东西。

收集并相信数据：如果对一些关键的客户划分进行了调查，就会在一定程度上对于什么对客户是重要的有所了解。现在则需要进一步作调查以获得更硬性的数据。

发展相互作用的行动计划：基于硬件和软件问题的研究，公司应该做出内部的转变以增加客户的满意程度。如果这些调查的结果不能导致企业内部的转变，那么一切努力白费。

努力使事情越做越好：永远不要认为不可能再进一步提高了。随着时间的推移，每个计划都可以制订得更周详。但如果第一步对了，随后小改进就行了。

任何计划都不是万无一失的，因此，最重要的还是要把客户放在心上，时时提醒自己，是企业经营者有关注客户的意识，自然就能够因时因地采取各种有效的措施。戴尔有一次在清华大学，一位学生说自己也想搞创业，问戴尔有什么建议。戴尔就回答说："最重要的是倾听客户，了解客户需要什么，这样你是根据客户的要求来工作，而不仅仅是我们觉得客户会想要什么，自己来推出一种产品，来实验客户是否需要。很多公司都犯同样的错误，都是总是在实验室当中闭门造车，造出东西以后，说这么好的东西，我们这个最漂亮的孩子却没有人愿意买。道理很简单，你应该首先从客户着手，能够准确地了解客户需要什么，找到那些充满激情的客户，特别是客户如果认为你的所作所为充满了激情，这时候事情才能成功。"

赚钱赚在明处：君子爱财，取之有道

俗话说："雁过留声，人过留名。"谁也不想默默无闻地活一辈子。自古以来胸怀大志者多把求名、求官、求利当作终生奋斗的三大目标。三者能得其一，对一般人来说已经终生无憾；若能尽遂人愿，更是幸运之至。然而，从辩证法角度看，有取必有舍，有进必有退，就是说有一得必有一失，任何获取都需要付出代价。问题在于，付出的值不值得。为了公众事业、民族和国家的利益，为了家庭的和睦，为了自我人格的完善，付出多少都值；否则，付出越多越可悲。我们所说的忍名让利，正是从这个意义上提出的人生命题。在求取功名利禄的过程中，少一点贪欲，多一点忍劲，莫让名利遮住眼。

莫让名利遮住眼，首先要忍恶名，求美誉。客观地说，求名并非坏事。一个人有名誉感就有了进取的动力；有名誉感的人同时也有羞耻感，不想玷污自己的名声。但是，什么事都不能过于追求，若是过分追求，又不能一时获取，求名心太切，有时就容易产生邪念、走错路。结果名誉没求来，反倒臭名远扬，遗臭万年。君子求善名，走善道，行善事。小人求虚名，弃君子之道，做小人勾当。古今中外，为求虚名不择手段，最终身败名裂的例子很多，确实发人深省。有的人已小有名气，还想名声大震，于是邪念膨胀，连原有的名气也遭人怀疑，更是可悲。

在中世纪的意大利，有一个叫塔尔达利亚的数学家，在国内的数学擂台赛上享有“不可战胜者”的盛誉。他经过自己的苦心钻研，找到了三次方程式的新解法。这时，有个叫卡尔丹诺的人找到了他，声称自己有千万项发明，只有三次方程式对他是不解之谜。善良的塔尔达利亚被哄骗了，把自己的新发现毫无保留地告诉了他。谁知，几天后，卡尔丹诺以自己的名义发表了一篇论文，阐述了三次方程的新解法，将成果据为己有。他的做法虽然在相当一个时期内欺瞒了人们，但真相终究还是大白于天下。现在，卡尔丹诺的名字在数学史上已经成了科学骗子的代名词。

唐朝诗人宋之问，有一外甥叫刘希夷，很有才华，是年轻有为的诗人。一日，希夷写了一首诗，曰《代白头吟》，到宋之问家中请舅舅指点。

当希夷诵到“古人无复洛阳东，今人还对落花风。年年岁岁花相似，岁岁年年人不同”时，宋之问情不自禁地连连称好，忙问此诗可曾给他人看过，希夷告诉他刚刚写完，还不曾与人看。宋之问遂道：“你这诗中‘年年岁岁花相似，岁岁年年人不同’二句，着实令人喜爱，若他人不曾看过，让与我吧。”希夷言道：“此二句乃我诗中之眼，若去之，全诗无味，万万不可。”晚上，宋之问睡不着觉，翻来覆去只是念这两句诗。心中暗想，此诗一面世，便是千古绝唱，一定要想法据为己有。于是起了歹意，命手下人将希夷害死。后来，宋之问获罪，先被流放到钦州，又被皇上勒令自杀，天下文人闻之无不称快！刘禹锡说：“宋之问该死，这是天之报应。”

宋之问、卡尔丹诺等也并非无能之辈，在他们各自的领域里都是很有建树的人。就宋之问来说，纵不夺刘希夷之诗，也已然名扬天下。可悲的是，人心不足，欲无止境！俗话说，财迷心窍，岂不知名也能迷住心窍。一旦被迷，就会使原来还有一些才华的“聪明人”变得糊里糊涂，使原来还很清高的文化人变得既不“清”也不“高”，做起连普通人都不齿的肮脏事情，以致弄巧成拙，美名变成恶名。

求名并无过错，关键是不要死死盯住不放，盯花了眼。那样，必然要走上沽名钓誉、欺世盗名之路。

依法纳税，不要逃避自己应有的责任

阿里巴巴的创始人马云，就是一位具有社会责任心的企业家，这其中表现最突出的一点就是他的纳税意识。2005 年，马云曾提出“每天纳税一百万”的经营目标，最后也实现了这一目标，仅从这一点我们就不难看出，马云不仅是依法纳税，而且是尽可能地为国家多缴税。

在我国，创业者成千上万，其中绝大多数都能做到像马云那样，合法创业，依法纳税，为国家财政贡献力量。但是，也有少数创业者投机钻营，利用种种违法乱纪手段聚敛财富。他们坑害国家、企事业单位和社会大众，陷入了聚财的死胡同。多行不义必自毙，他们的不法行为受到社会公众的唾弃，受到税收机关和工商行政机关的严厉查处，直至受到法律的制裁。

在市场经济的大潮中，极个别的创业者想通过偷税、漏税和逃税，挖国家税收的“墙脚”。但是在税务部门、会计师事务所和国家审计部门的通力协作下，使他们竹篮子打水一场空，赔了夫人又折兵，不义之财不但没发成，还被罚款、吊销执照等。

一次，深圳市有关部门对2664户个体创业老板和承包企业的老板进行税务检查，结果发现有漏税行径的达1883户，偷税、漏税人员比例竟高达七成以上。其中罗湖区的个体户迟某，炮制出真假两本账进行偷逃税款，真账的营业额达300万元，而假账的营业额还不到70万元。对他们的错误行径按情节轻重，税务部门分别予以5～10倍的罚款，甚至吊销营业执照，税法的威力给这些不良老板以极大的震慑。

从当前调查掌握的情况看，有6种偷税漏税的现象值得创业者自省，创业者切莫涉入其中。

1. 换牌逃税

目前，一些部门机关团体开办了一些经济实体，但由于自身缺乏相应的资金和经营管理的能手，只好采取招聘经营、定额承包的办法经营企业。这给了少数不法老板、个体工商户可乘之机。他们摇身一变，戴上校办企业、国有企业的“红帽子”，成为机关团体经济实体的承包者。如此一来，他们不仅逃避了现行较为合理的税收，还享受到新办经济实体的一些减免税的优惠政策，致使国家税收流入个人腰包。

2. 瞒税

少数创业者利用发票做手脚，采用虚报丢失、伪造涂改、大头小尾、两次填写等手段逃避税收。例如，某企业承包人将实际金额5万元的业务分两次填写，在业务报销联上填的金额是5万元，而存根联上竟只填区区50元。还有少数商人公然违反制度规定，设两本账。在应付税务人员的假账上填写少量的金额，却在给自己看的暗账上记载大宗经营收入，通过这种手段来减少税收。可惜的是，再好的伪装也有露马脚的时候，对于这种想瞒天过海的偷税手段，税务人员只要下功夫是能够查出来的。

3. 无证经营

极少数创业者，为了躲避税收管理，采取不办税务登记和营业执照的方法进行无证经营。也有些创业者借别人的营业执照副本经营。他们采取“你来我走、你追我跑、你疲我卖、你查我躲”的游击战术，打一枪换一个地方，结算完毕就迅速逃离经营现场，逃避纳税检查。

4. 以小瞒大

少数创业者利欲熏心，他们深谙利润多交税也多的道理，便节外生枝，虚增成本，假摊费用，达到账面上减少利润而偷逃税收的目的。

5. 私立账户

一些创业者对开设的银行账户弃之不用，而又另立账户或采取现金交易不入账的手段，隐瞒收入，逃避税收。

6. 偷梁换柱

为了提高利润，谋求更多的财富，个别创业者公然销售经营范围以外的商品，而且将这部分商品的销售收入隐瞒，以图少交税。例如，某发廊老板擅自销售电视机和电风扇，某杂货店老板非法经营建材。税务部门坚决取缔他们超出营业执照范围的经济活动，把已经获取的收入照章追缴了税款。

以上这些方法，创业者千万要注意，绝对不要采用。否则，也许就会一失足成千古恨了。法不容情！

用财富分享你的爱和关怀

漆黑的夜晚，一个远行寻佛的苦行僧走到一个荒僻的村落中。漆黑的街道上，村民们在默默地行走。

苦行僧转过一条巷道，他看见有一团昏黄的灯光正从巷道的深处静静地照过来。身旁的一位村民说："瞎子过来了。"

苦行僧百思不得其解。一个双目失明的盲人，他没有白天和黑夜的概念，他看不到鸟语花香，看不到高山流水，也看不到柳绿桃红的世界万物，他甚至不知道灯光是什么样子的，他挑一盏灯笼岂不令人迷惘和可笑？

那灯笼渐渐近了，昏黄的灯光从深巷移到了僧人的鞋上。百思不得其解的僧人问："敢问施主真的是一位盲者吗？"那挑灯的盲人告诉他："是的，从踏进这个世界开始，我就一直双眼混沌。"

僧人问："既然你什么都看不见，那你为何挑一盏灯笼呢？"盲者说："现在是黑夜吧？我听说在黑夜里没有灯光的映照，那么满世界的人都和我一样是盲人，所以我就点燃了一盏灯笼。"

"原来你是为别人照亮啊！"僧人若有所悟地说。

"不，我是为自己！"那盲人却说。

"为你自己？"僧人又愣了。

"你是否因为夜色漆黑而被其他行人碰撞过？"盲者缓缓问僧人道。

"是的，就在刚才，还被两个人碰撞过。"僧人说。

盲人听了说："但我没有。虽说我是盲人，我什么也看不见，但我挑了这盏灯笼，既为别人照了亮，也更让别人看到了我自己，这样，他们就

不会因为看不见而碰撞到我了。”

苦行僧听了，顿有所悟。

故事中的盲人的可贵之处，不仅在于他照亮了自己，更在于他照亮了别人。其实，生活中很多事情都是这样，当你为别人着想的时候，也是在为自己着想，就像盲人在为别人照亮前进之路的同时，也避免了因夜色漆黑而被他人碰撞。

“养乐多”是一家生产乳酸饮料的公司，在中国台湾可以说是家喻户晓，公司的董事长陈重光常被大家称为“养乐多爸爸”。

陈重光出身于大稻埕大户人家，从年轻的时候起，他就开始广交朋友，他的朋友很多，不仅限于商界，还有政界的很多著名人物，三教九流无所不交。据称，和他关系很好的朋友至少有两万多个。

陈重光与朋友相交很讲义气，朋友有难求他，他一定会倾力相助。尤其是商界的很多朋友，由于资金的问题常常需要帮助，这时候陈重光往往会慷慨解囊。周游是台湾的名制作，与陈重光相交三十多年，曾经多次因为资金吃紧而面临困境，每当这时候陈重光都会主动出资资助，帮助她渡过难关。

在商场上，企业之间免不了竞争，更免不了合作。陈重光的公司在与别人合伙做生意的时候，往往采取了和别人不同的利益分配标准。

一般人合伙做生意，当公司赚钱时，大都采取利润五五分成的办法，所赚的钱双方各分一半。然而，陈重光却始终采取六四分成的标准。也就是说，利润自己得四成，而合作伙伴得六成。他说：“人都有贪念，只要合伙做生意，总觉得自己比较卖力，应该多拿一份。因此我选择对方多一份，自己少一份，也就是六四分。”

很多人都不理解陈重光的做法，觉得这样做的结果必将使自己的公司实力越来越小，最终走向消亡。可是事实上，结果正相反，因为是六四分，很多人都非常乐于跟他合伙，陈重光的生意越做越大。他除了担任养乐多公司的董事长之外，还是宝岛银企业的负责人，成为台湾颇具知名度的成功企业家。而且，由于这种做法，凡是和陈重光合作过的人都无一不成为他在商场上的朋友，无形中开拓了自己的道路。

一次，80 多岁的陈重光对人说：自己一生事业的成功靠两样法宝，一个是“朋友”，另一个是独创一格的“六四分”。

陈重光在事业上的成功，不能不说是因为他懂得分享。“六四分”吸引了一个又一个合作者，这样他既得了利益，又结识了朋友，是位名副其实的企业赢家。

二十几岁的年轻人，不管你多么优秀，都不可能一个人独当一面，独创天下，尤其要使自己的人生局面继往开来，更离不开跟各种各样的人打交道，他们可能成为你成功道路上的帮手。因此，无论做什么事，不要过于吝啬付出一点什么，不要独自一个人享受，要学会分给别人一杯羹。在这儿要提醒各位的是，任何企业或单位都要追求利润或者效益，但你更应该知道，你之所以创业，创办企业并非仅仅为了赚钱，还需要拥有一定的社会责任感，学会用财富分享你的爱和关怀，具有一种社会责任感。懂得用财富分享你的爱和关怀，不仅能够得到更多的人支持，同样你的这种分享以及责任感还会为你，为你的企业在人们的心目中留下良好的印象，进而树立起自我，以及企业的品牌。试想一下，当你和你的企业在人们的心目中留下这样的印象后，你的企业能做不强吗？